예배 미학

인 간 의 몸 , 하 나 님 의 아 름 다 움

박종환 지음

동연

예배 미학 — 인간의 몸, 하나님의 아름다움
2014년 3월 7일 초판 인쇄
2014년 3월 13일 초판 발행

지은이 **박종환** 펴낸이 **김영호** 펴낸곳 **도서출판 동연**
기획 **정진용** 편집 **조영균** 디자인 **최려진** 관리 **이영주**
등록 1992년 6월 12일 제1-1383호 주소 (우 121-826) 서울시 마포구 월드컵로 163-3
전화 (02) 335-2630 팩스 (02) 335-2640 이메일 yh4321@gmail.com

Copyright ⓒ 박종환, 2014
이 책은 저작권법에 따라 보호받는 저작물이므로, 무단 전재와 복제를 금합니다.
잘못된 책은 바꾸어 드립니다.
책값은 뒤표지에 있습니다.

ISBN 978-89-6447-240-8 93230

예배 미학

감 사 의 글

지난 7년 동안 예배에 대하여 강의했던 자료와 《목회와 신학》에 연재했던 글들을 모아 책으로 엮습니다. 이 글은 한국 교회를 바라보며 느낀 가슴 저린 아픔의 흔적이고 더 깊은 기독교와 영성으로 나가고자 하는 본인의 몸부림입니다.

신학자의 책이 세상에 나오려면 그 학자의 지적 능력만 필요한 것이 아닙니다. 그의 경험을 가능하게 한 교회와 세상, 그리고 무엇보다 생명을 주신 하나님이 존재하시기에 신학자의 사유는 세상의 빛을 볼 수 있습니다. 따라서 신학자는 절대적으로 세상과 하나님에게 빚을 지고 있고 그의 책은 세상을 위해, 특히 교회를 위해 봉사해야 한다는 것이 평소의 제 생각입니다. 이 책이 한국 교회의 예배를 성숙시키는 데 어떤 모양으로라도 사용된다면 필자는 더없는 행복할 것입니다.

먼저, 신학적으로 가장 큰 영향을 주신 에모리 대학의 단 샐리어즈 교수님께 감사드립니다. 어느 날 채플에서 예수의 자유에 대해 한 신약학자가 설교할 때, 그분은 피아노로 설교자의 언어적 전달을 음악으로 표현하며 설교자와 주고받는 일종의 퍼포먼스를 진행하였습니다. 그날 교수님은 신학이 교리나 변증의 딱딱한 논리의 세계에 갇혀 있다고 믿었던 한국의 한 젊은 조직신학도에게 신학적 사유의 무한한 상상력과 자유를 경험하게 해주었습니다. 제 목사 안수식에서 해주셨던 그분의 축사가 아직도 가슴을 울립니다. "이제 목사가 되는 당신은 주님처럼 세상을 보고 주님처럼 세상의 소리를 듣고 주님처럼 말하며 사십시오." 아주 간단했던 그 축사는 그분의 예배신학을 요약정리하고 있습니다. 성육신과 인간의 몸, 그를 통한 예배의 표현과 신비, 그리고 예배자의 윤리적 삶이 그것입니다.

이 책의 부제목인 "인간의 몸, 하나님의 아름다움"은 하나님의 아름다움을 예배자가 그의 몸과 다양한 감각을 통해 경험하는 것을 의미합니다. 하나님이 세상에 몸으로 오셨기에 몸으로 세상을 살아가는 우리도 하나님을 몸으로 예배하며 그리스도 닮은 삶을 몸으로 살아내야 한다는 걸 말하고 싶었습니다. 이러한 미적 경험은 감각의 차원을 넘어서 예배자의 인격과 기질을 형성하며, 궁극적으로는 예배자가 그리스도를 닮아 가는 전 과정을 포괄합니다.

기독교 예배의 아름다운 전통과 성령님의 자유하심이 조화되는 예배에 대한 깊은 동경과 갈망은 오랫동안 저를 괴롭혀 왔습니다. 이 책에는 문화와 역사에 따른 예배 공동체의 다양성과 예술적 표현의 자유 그리고 예배의 전통적 깊이가 한국 개신교 예배에 체화되었으면 하는 간절한 염원이 담겨 있습니다.

이 책에 포함된 사진은 정주건축연구소 소장이신 정시춘 박사님께서 개인적으로 소장하고 계시던 소중한 자료를 내어 주신 것들입니다. 더러는 글의 내용과 직접 관련이 없는 사진도 있지만 그 느낌이 글의 내용과 서로 상승작용을 이루고 있기에 포함시켰습니다. 글의 흐름과는 다르게 가만히 한 컷 한 컷을 보는 것만으로도 큰 울림을 주는 사진들입니다. 또한 그렇게 이 책을 읽으시길 권합니다. 정시춘 박사님께 이 자리를 빌려 다시 한 번 감사드립니다. 또한 이 글이 세상에 나올 수 있도록 배려해 주시고 수고해 주신 동연출판사의 김영호 사장님과 조영균 편집부장님에게도 감사를 드립니다.

박종환

차 례

감사의 글　5
부록. 닛사의 그레고리 성공회 교회 예배 소개　192
주　202

1.	예배, 그 아름다움	8
2.	임재와 부재, 그 사이에서 – 성토요일(Holy Saturday)에 대한 묵상	20
3.	성육신과 인간의 몸	32
4.	예배 언어	44
5.	침묵과 탄식	60
6.	고통의 탄식을 넘어 – 헤더를 기억하며	74
7.	성찬 – 살과 피를 먹고 마시다	88
8.	유기적 예비	110
9.	공간의 아름다움	128
10.	시간의 아름다움 – 색(色)과 예배	142
11.	눈과 눈물 – 예배의 이해	162
12.	예배 문화의 수용	178

1

예배, 그 아름다움

언젠가 한 연예인이 NGO 단체와 함께 아프리카 차드를 방문했다. 그는 그곳에서 더러운 물을 마셔 병에 걸리고 극심한 영양실조로 뼈만 앙상하게 남은 아이들을 보게 된다. 그 아이들을 바라보며 그는 차드에 학교를 세우기로 결심한다. 그러나 무슨 사정에서였는지 그는 얼마 후에 자살을 하게 되고 그의 못다 이룬 꿈을 이루기 위해 친구들이 차드에 가서 땀을 흘리며 학교를 짓는다. 완공된 학교에는 아이들이 너무 많이 들어차 땅바닥에 앉아서 수업을 하고 있다. 책상이 부족하고 교실이 비좁아도 아이들은 마냥 기뻐한다. 친구들은 기뻐하는 아이들을 바라보며 또 죽은 친구를 그리워하며 눈물을 흘린다. 우리는 그곳에 '친구의 죽음'이라는 아픈 기억을 넘어서서 치유와 희망이 자라고 있음을 보게 된다. 질병과 기아에 시달리던 아이들의 뺨에 흐르던 고통의 눈물, 새 학교에서 선생님과 공부를 하는 아이들의 뺨에 흐르는 기쁨의 눈물, 그리고 죽은 자를 그리워하는 그 친구의 눈물…… 이는 죽은 자와 산 자를 하나로 만드는 눈물이다. 그리고 고통 받는 자와 그 고통을 바라보며 아파하는 자를 하나로 만드는 눈물이다.

이런 현장에서 인간의 얼굴에 흐르는 눈물은 인간의 눈물인가 주님의 눈물인가? 치유된 그들의 얼굴에 환히 빛나는 미소는 인간의 기쁨인가 주님의 기쁨인가? 예루살렘을 바라보며 흘리시던 주님의 눈물, 나사로의 죽음 앞에 흘리시던 주님의 눈물은 그 주님을 사랑하는 자들의 얼굴에서 오늘도 흘러내리고 있다. 경제적 궁핍과 정신적 피로, 외로움, 소외, 지나친 경쟁, 타인의 시선에 의해 자신의 가치를 결정하고 서로가 서로를 '왕따'시키는 한국 사회. 수능이 끝나면 수많은 젊은 아이들이 자살을 하고 겉으로는 화려하지만 불안과 두려움으로 깊은 어둠이 드려져 있는 사회. 고통에 가득 찬 한국 사회와 한국 교회를 바라보며 우리는 그분의 눈물을 흘리게 된다. 철학자 레비나스는 '타자의 고통이 내 고통임을 깨달을 때만이 우리는 살아야 할 존재 가치를 지니게 된다'고 말한 바 있다. 세상의 고통을 바라보는 주님의 눈물이 인간의 얼굴에 흘러내릴 때 그곳에는 구원과 치유가 일어날 것이다.

이 땅에 몸으로 오신 하나님은 인간의 눈물을 그의 눈에서 흘렸고 인간의 고통을 그의 몸으로 경험한다. 그리스도의 눈에 인간의 고통이 들어오고 그 아픔이 눈물로 변할 때, 하나님의 고통은 인간의 고통을 품는 거룩한 생명의 고통이 된다. 설명할 수 없고 이해할 수 없는 고통이 하나님의 초월과 부재의 경험이라면, 그 고통을 바라보며 흘

터스키기 대학 채플, 미국 앨라배마

리는 눈물은 임재와 성육신적 계시의 경험이다. 성육신 사건은 하나님의 입장에선 인간 역사와 고통에 대한 거룩한 참여(engagement)이며 인간의 입장에선 우리의 고통을 통해 하나님의 구원을 경험하는 통로가 된다. 예수는 그의 사랑을 추상적인 말씀이 아니라 구체적인 접촉으로 증명했다. 그의 눈은 접촉의 눈이다. 인간은 눈으로 모든 것을 볼 수 있으나 내면성과 접촉하기에는 한계가 있다. 그러나 예수의 눈은 타인의 맥박과 호흡, 그들의 숨결을 느끼는 기관이었다. 세상을 인식하고 판단하는 인식의 도구를 넘어서 세상을 포옹하고 사랑하는 기관이었다.

그리스도의 눈에 인간의 눈물이 흐를 때, 이는 인간의 역사와 아픔에 대한 하나님의 내주하심(쉐키나)이며, 인간의 눈에 거룩한 눈물이 흐를 때, 하나님의 고통은 우리의 역사 안에서 변화의 원동력이 되는 것이다. 우리는 예배를 통해 일상적으로 경험되는 분노와 슬픔 그리고 세상에 대한 절망의 탄식 속에서 하나님은 어떤 분이시신지 알아가게 된다. 이해할 수 없고 말할 수 없는 인간의 고통과 하나님의 부재의 경험 속에서 하나님을 찬양하고 그 내면의 모순과 절망을 하나님께 올려드리는 것이 바로 예배이다.

예배학자 단 샐리어즈(Don E. Saliers)의 주장처럼, 단지 개인의 아픔 차원으로서가 아니라 인간의 존재 조건으로서 우리는 인간의 고통을 하나님 앞에 가져온다. 인간의 존재 조건으로서의 고통은 하나님의 자기 주심의 말씀과 성례가 나타나는 시간과 장소 안에서 치유와 사랑을 경험하고 이를 통해 하나의 공동체 안으로 승화되어 간다.1) 그곳에서 우리는 함께 노래하고 함께 먹고 마시며 하나님을 기억하고 하나님에 의해 기억된다. 몸으로 오신 그리스도가 하나님의 구원하시는 힘을 통해 인간의 고통의 감정을 변화시킨다. 그 변화시키는 은혜는 하나의 새로운 감정, 복음의 중심에 있는 하나님의 열정으로 우리를 이끌어 간다.2) 인간의 고통의 감정은 세상을 구원하는 하나님의 독특한 방식을 이해하는 길이다. 하나님의 고통은 세상을 향한 그분의 눈물이며 그 고통은 인간의 고통을 품는 구원의 고통이다. 세상을 보는 하나님의 눈은 그리스도가 예루살렘을 바라보듯이 눈물로 덮여 있는 눈이며 나사로의 죽음 앞에서 통곡하는 눈이다.

요한복음 11장에는 나사로 이야기가 나온다. 마리아가 "주께서 여기 계셨더라면 내 오라버니가 죽지 아니하였겠나이다"(32절) 하고 절규했을 때 예수님은 "그가 우는 것과 또 함께 온 유대인들이 우는 것을 보시고 심령에 비통히 여기시고 불쌍히 여기"셨다(33절). 여기서 '비통히'라는 단어는 헬라어로 에네브리메사토(ἐνεβριμήσατο)인데 이는 매우 감정이 격해져 목소리나 신체의 흔들림으로 표출되는 것을 말한다. "눈물을 흘리시더라"(35절)는 헬라어로 에다크뤼센(ἐδάκρυσεν)으로, 예수님이 눈물을 약간 머금은 게 아니라 어깨를 들썩이며 흐느껴 눈물을 쏟으신 것이었다. 오빠 나사로의 죽음으로 마음 아파하던 마리아와 마르다의 눈물, 그 가족의 고통을 바라보며 함께 우는 유대인들의 눈물, 그들의 고통에 찬 절규를 듣고 함께 아파하며 우시는 주님의 눈물은 그 순간 하나가 된다. 이것이 바로 고통과 눈물의 신비다. 고통의 눈물은 죽은 자와 산 자를 하나 되게 하고 고통받는 자와 그들을 사랑하고 위로하는 자를 하나 되게 한다. 나아가 우리도 그 눈물로 인해 주님과 하나가 된다. 인간의 얼굴에 주님의 눈물이

성 요한 교회, 미국 미네소타

흐를 때 그 눈물은 연민이나 슬픔을 넘어서 치유와 희망 그리고 부활의 눈물이 된다.

세상을 보는 그리스도의 눈물이 인간의 얼굴에 흘러내릴 때, 그 눈은 구원의 눈이 될 것이며, 눈물로 세상을 보는 눈이야말로 치유의 눈이 될 것이다. 그러나 눈물로 세상을 보는 눈은 동시에 세상이 안고 있는 온갖 모순과 어두움, 폭력성을 드러내는 의심의 눈이어야 한다. 그리고 그 눈은 그 세상이 어떻게 회복되어야 하는지를 보여주는 희망과 치유의 눈이다. 그 눈에서 눈물을 흘리는 자가 보는 세상 안에 한국 교회의 미래가 있다.

고통의 신비와 의식 없이 예배를 드리는 것은 성경적이거나 구속적이지 않다. 예배는 하나님 앞에 우리를 내어 보이는 공동의 행위이고 인류를 위해 하신 하나님의 구속에 동참하는 행위이다. 이는 단순한 기억을 넘어서 하나님의 나라를 미리 경험하는 것이다. 단 샐리어즈의 말처럼, 인간의 고통과 죽음에 대한 인식 없이는 하나님의 마음을 읽을 수가 없고 이 세상의 고통과 불의에 대한 인식 없이는 하나님의 마음을 읽을 수가 없다. 이러한 인식과 공감이 없는 기도가 드려질 수도 없고, 음악이 우리의 삶이 될 수도 없으며, 우리의 예배는 하나님께 올려질 수 없다.

그러나 모든 고통이 예배로 인도하는 것은 아니다. 예배에서 인간들의 고통을 그리스도의 발 앞에 가져올 때 하나님의 구원과 인간의 역사가 접촉된다. 성찬을 통해서, 말씀 선포를 통해서 인간의 개별적 고난은 그리스도의 우주적이고 보편적 구원에 스며든다. 이를 통해 우리의 삶이 하나님의 구속사의 부분이 된다. 예배는 예수 그리스도의 이름으로 하나님께 예배하는 것이고 예수 그리스도의 삶과 고통과 죽음과 부활이 우리에게 주어지도록 마음에 새기는 것이다. 이는 모든 기독교 예배와 영성의 중심이다. 예배는 성도들이 인간의 아픔과 열정을 아시는 거룩한 분을 기억하고 그분의 눈물을 함께 흘리는 공간이고 시간이다. 그러나 그 슬픔의 감정은 단순한 연민이 아니고 하나님의 이 세상을 향한 마음을 느끼고 경험하며 그분의 모습이 드러나고 기억되는 것이다. 세상의 고통과 인간의 죄성을 바라보며 안타까움을 느끼는 것은 한 개인의 경험을 넘어서는 공동체적인 경험이다. 예배는 공동의 행위이다. 하나님의 마음은 한 개인의 영혼뿐 아니라 공동체의 삶 가운데서 발견된다.

신학자 요하네스 메츠(Johannes Baptist Metz)는 고통의 문제에 대한 진지한 고민이 부재한 까닭에 예배가 점점 낙관적으로 변해 가는 현실을 비판했다. 사실 이는 한국 교회의 예배 문화에서 간과할 수 없는 문제다. 많은 한국 교회들이 지난 20여 년간 미국 윌로우크릭 교회나 새들백 교회의 구도자 예배를 모방함으로써 젊은 세대의 전도와 양적 성장을 도모해 왔다. 구도자 예배는 극단적인 개인주의 확산으로 외로움을 호소하고 있는 현대인들에게 그들의 자유와 개성을 존중해 주면서도 고독과 소외의 문제를 해결해 주는 하나의 대안으로 개발됐다. 윌로우크릭 교회와 새들백 교회의 성장이 증명하듯 이런 시도는 교회가 문턱을 낮춰 대중에게로 더 다가갈 수 있도록 기여했다. 그러나 이런 구도자 예배는 인간의 고통과 죄의 문제를 가볍게 치부해 버리는 경향이 없지 않다.

인스턴트식품이 영양의 불균형을 초래하여 개인과 그 공동체의

터스키기 대학 채플, 미국 앨라배마

건강을 해치는 독성을 가질 뿐 아니라, 오래된 가문의 아름다운 식사 예절과 음식 레시피가 사라짐으로 전통적 가치를 잃어버리게 하듯이 구도자 예배는 이러한 결과를 충분히 예견하고 있어야 했다. 이는 기독교의 오랜 역사적 전통이 간직해 온 가치들을 한순간에 허물 수 있는 파괴력을 갖고 있기 때문이다. 이러한 예배를 수입하여 프랜차이즈화하는 한국 교회도 후기 산업사회의 질병과 비슷한 질병을 앓고 있다. 그러나 대도시에서 살아가는 한국인들은 미국 문화와 달리 소형 교회가 주장하는 지나친 공동체적 친밀감에 대한 부담으로 오히려 개인의 공간을 찾고 싶어 하는 욕구가 있다. 소형 교회는 너무 많은 소리를 내고 너무 많은 말을 함으로써 때로 익지 않은 말로 상처를 주며 개인의 사생활을 상실하게 만든다. 공동체성과 개인의 사생활이 어떻게 중재될 수 있는지에 대한 대안이 제시되지 않은 사이에 회중의 발걸음은 도시의 많은 사람 속에서 경험하는 개인의 고독과 외로움을 적절히 해결해 주며 개인의 익명성을 보장해 주는 대형 교회로 옮겨간다.

서구의 기독교가 지나치게 사유화(privatization)되고 개인화되었던 것을 반성하면서 대안적 모델을 전통적인 교회와 초대 교회의 모델에서 찾고 있는 사이에, 우리는 서구 교회의 대중적 모델을 너무 성급하게 채용했고 이는 그 열매의 단맛과 쓴맛을 동시에 오늘날 한국 사회와 교회에 안겨 주고 있다. 이는 문화가 가벼워지고 권위가 부재하는 것, 새로운 것을 추구하며 수천 년 기독교 역사의 전통과 깊이를 상실하는 것이다. 전통은 지루하고 고루한 것이 아니다. 지금도 살아서 우리를 변화시키고 우리 교회와 예배의 뿌리를 깨닫게 하는 깊이

성 이그나시우스 채플, 미국 시애틀 대학

를 갖고 있다. 문제는 전통을 새롭게 해석하고 실행하는 능력이 우리에게 결핍되어 있다는 점이다. 우리는 아직 갈 방향을 알지 못한 채 매우 간소화된 자칭 전통적인 예배와 열린 예배 사이에서 방황하고 있다. 한국 교회 예배의 미래는 한국 교회의 미래와 직결되어 있다. 그렇기에 대안적이고 미래적인 예배 모형에 대해 우리 모두가 함께 고민해야 한다.

2

임 재 와 부 재 , 그 사 이 에 서
- 성토요일(Holy Saturday)에 대한 묵상

기독교가 성찰적 종교로 거듭나고 우리의 예배가 그러한 성찰적인 예전으로 자기 자리를 찾아가려고 한다면 그 방법은 무엇일까? 먼저, 우리는 하나님의 신비와 부재의 경험에 대한 자의적 해석과 즉흥적 답을 주려 하는 욕망을 자제해야 한다. 답이 없고 이해할 수 없는 사건들에 대한 지나친 의미 부여나 해석을 유보해야 한다. 이는 하나님의 거룩한 임재와 신비를 한 사람의 언어적 유희와 감동으로 전달할 수 있다는 기대와 환상을 포기할 때 가능하다. 감동을 주어야 한다는 강박과 감동을 줄 수 있다는 자기기만(self-deception)으로 뭉쳐진 예배 인도자와 설교자의 습성은, 때로는 인간의 감정을 인위적으로 조작하려고 하는 지나친 열광주의로 빠져들거나 반지성주의로 전락하기도 했다.

기독교의 감성은 시도 때도 없이 끌어내서 느끼게 하거나 생산할 수 있는 것이 아니다. 감정이 갖는 순간적인 직접성(Immediacy of Feeling)과 감성의 깊이(the Depth of Emotion)를 구별해야 한다. 하나님께 감사하고, 죄에 대해 탄식하며, 고통 가운데 있는 사람들에게 연민의 감정을 갖는 것은 우리의 삶 속에서 자연스럽게 드러나는 것이다.

환란 가운데에도 기쁨을 느끼고 사랑 안에서 진리를 말하는 것처럼 그것은 펼쳐지고 자라기까지 시간을 필요로 한다. 시간이 흐르면서 진정한 예배는 하나님의 창조로서의 세상을 인지하는 예배자의 성향과 성품을 깊어지게 한다.3)

종교를 냉소적으로 바라보는 사람들은 종교적 감정이 자기기만이나 집단 광기에 불과하다고 주장한다. 그들은 감정적 표현의 천박함을 비난하고 열광적인 종교 감정을 저속하다고 생각한다. 실제로 허위에 찬 감정은 자신의 신앙이 절박하고 깊이가 있는 것처럼 기만하는 면이 있다. 그들은 감정이 인식이나 판단을 흔들지 못하도록 합리적이 돼야 한다고 가르친다. 그러나 기독교인이 된다는 것은 일련의 감정 즉 기쁨과 희망, 슬픔과 탄식, 감사와 미움의 감정을 깊이 경험하고 자신을 있는 그대로 드러내는 것이다. 기독교 신앙은 하나의 깊은 감정 유형이다. 거룩한 분을 두려워하고 자신의 죄를 바라보며 슬퍼하는 감정이 없다면 회개도 존재할 수 없다.

그러나 하나님에 대한 감정은 하나님에 대한 지식 없이 존재하지 않는다. 하나님의 고통과 희망, 그분의 비전을 알지 못하면 그분을 신뢰하는 감정이 생길 수 없다. 예수 그리스도의 삶과 죽음, 부활, 다시 오심에 대한 약속의 의미를 이해하는 것은 기독교인의 감성을 형성하

성 이그나시우스 채플, 미국 시애틀 대학

는 데 가장 중요한 요소다. 믿는 것과 느끼는 것은 불가분의 관계에 있고, 인간의 태도와 행동 및 인품이 형성되는 데는 감정이 반드시 개입한다. 인간은 하나님의 형상으로 지음 받았고 이는 영적인 차원뿐 아니라 감정과 감각의 영역이기도 하기 때문이다. 우리는 예배를 통해 말씀으로 우리의 삶을 해석하고 재구성하는 과정에서 기독교인의 특수한 감성들을 형성해 간다.

즉흥적이고 즉각적인 반응과 응답을 기대하는 한국 교회의 강단은 기독교의 내러티브에서 흘러나오는 감정의 자연스런 흘러나옴을 기다리지 못하는 조급증에 빠진다. 이는 결과적으로 소리와 침묵, 빛과 어둠, 부활과 죽음 그 사이의 어정쩡함과 어색함을 견디지 못하는 미성숙한 신앙을 가져온다. 모든 것을 둘로 나누어 대립각을 세우고 한쪽의 편을 들어 그 안에 안주하려는 자기방어 기제는 인간의 삶과 역사가 갖고 있는 회색지대의 어정쩡함을 견디지 못한다. 이는 신학적으로 고난을 통한 부활과 고통을 겪고 난 뒤의 안정감과 평안이 아닌, 들뜨고 설익고 가벼운 부활의 이미지로 빠르게 이동하게 하는 것이다. 결과적으로 세속과 거룩의 지나친 분리를 가져왔고 진정하고 소박한 부활의 삶에 대한 인식의 부재를 낳았다.

조급증에 걸린 한국 개신교는 십자가와 부활 사이에 존재하는 성토요일(Holy Saturday) 또는 검은 토요일(Black Saturday)의 신학적 의미에 대해 묵상해야 한다. 성금요일과 부활주일 사이에 끼어 있는 그 시간과 공간에 대한 신학적 의미와 정체성을 생각해야 한다. 그 공간은 갈보리의 언덕과 부활하셔서 빈 무덤 그 사이에 존재하는 공간이

빛되신 그리스도 교회, 미국 오클랜드

고, 그 시간은 공허하고 아무것도 없는 구원의 드라마가 펼쳐지기 이전의 적막한 시간이다. 또한 탄식의 시간이다. 데이비드 파워, 고든 레이스롭 그리고 단 샐리어스가 주장하듯이, 시편과 예언서에서부터 복음서와 서신서에 이르기까지 고대의 내러티브 안에는 탄식과 하나님에 대한 갈망으로 가득 차 있다. 하나님의 구원과 역사하심이 필요했던 시간과 공간은 역설적으로 탄식과 실망으로 가득한 곳이었다. 고통에 대한 기억을 생생이 갖고 있다는 것은 성경과 기독교 예배의 핵심이다.4)

인간이 하나님을 찾거나 구원을 소망하던 시기는 하나님의 강한 현존의 시간이 아닌 하나님의 부재의 시기였다. 인간의 한계와 고통의 경험은 인간이 하나님을 온전히 이해할 수 없다는 인간의 무능(incomprehensiblility)과 하나님이 하나님 되어 달라는 탄원으로 연결된다. 이것이 바로 예배의 시작이고 예배의 마침이다. 한국 교회의 예배는 한국 사회가 안고 있는 많은 구조적 모순과 실존적 고통 앞에서 탄식할 수 있는 시간이 필요하다. 탄식은 인간과 인간의 역사 안에 존재하는 밝음과 어두움을 동시에 볼 수 있는 능력을 가져온다. 이 사회의 어두운 부분은 탄식과 탄원을 통해 하나님 앞에 올려져야 한다. 한국 교회의 주일 공동예배에서 탄식과 중보기도의 회복은 우리가 살고 있는 세상의 현실과 직면하게 하며 이 세상이 우리의 것이기 이전에 하나님의 것임을 확인하는 예전적 의미를 갖는다. 세상의 주인 되시는 분이 세상의 고통에 함께 탄식하도록 그 시간을 드리는 것이며 동시에 그분의 탄식에 우리가 동참하는 것이다. 한국 교회는 강요된 감사와 아멘으로 인간 내면의 분노와 어두움을 드러낼 시공간을 예배에서 강탈하고 있다.

예배는 뛰어난 언어적 감각을 갖고 있는 한 사람만의 행위가 아니라 공동체 전체의 기쁨과 슬픔을 끌어안는 것이고 여기에는 감사와 탄식, 찬양과 간구가 자연스럽게 뒤섞여 존재한다. 단 샐리어즈에 따르면, 이때의 감사는 현실성 없고 순진무구한 감사가 아닌, 고통과 혼돈으로 가득한 상황에서 고난을 견딜 수 있는 힘을 주신 것에 대한 감사이다. 이러한 감사는 본질적으로 소망의 행위이며 악의 실체에 저항하는 행위이다.[5]

샐리어즈는 세상의 양극적인 구조에서 살아가는 인간의 혼합된 의식(선과 악, 아름다움과 추함, 빛과 어두움)과 인간의 파토스가 예배를 위한 조건이라고 주장한다. 선과 악, 빛과 어두움, 절망과 희망의 대립 같은 이원적 구조 속에서 예배는 하나님의 임재와 부재를 동시에 체험토록 하며 이는 우리가 살고 있는 세계와는 본질적으로 다른 세상을 꿈꾸고 희망하게 한다. 이 파토스는 폭력과 어두움, 추함으로 얼룩진 이 인간 세상을 넘어 더 깊은 곳을 볼 수 있도록 한다. 자연재해와 죽음의 두려움과 고통에도 불구하고 사랑하는 사람, 뛰어노는 어린이들의 모습, 음악과 그림, 문화, 예술 속에서 여전히 이 세상은 아름답고 살아갈 만한 세상임을 경험한다.[6]

이러한 세상과 말씀의 묵상을 통해, '하나님의 임재와 부재의 밸런스'(the balance between the presence and the absence of God)를 인지하는 감각적 훈련이 예배를 통해 이루어져야 한다. 복잡한 인간이 복잡한 세상 속에서 예배한다는 것은 그 복잡함(complexity)과 혼돈(chaos) 자체에 억지로 이름을 붙이거나 하나로 규범화하지 않는

MIT 대학 채플, 미국 보스턴

것이다. 오히려 능동적 규범이 생산하는 사회적·종교적 체계를 만드는 것이 아닌 수동적 관상을 통해 초월자의 부재와 임재, 거룩과 세속의 두 분리된 세계를 통합하는 감각을 훈련하는 것이다. 이 세상의 근본적인 불명확성(ambiguity) 속에서 예배 참여자들은 불안이나 기쁨, 슬픔과 같은 깊은 감정을 갖게 되며, 이 감정은 두개의 분리된 세계, 거룩하고 세속적인 세계를 통합하는 채널이 된다. 나아가 불안한 실존의 세계에서 개인과 집단의 연대성을 경험하게 한다. 이때, 세속적 몸과 거룩한 몸 사이의 경계는 모호해진다. 이러한 복잡한 경험을 단순한 도식으로 환원시켜서는 안 된다. 하나의 몸과 감각을 공유함으로써 거룩함과 세속성은 한 장소에서 만난다. 그것이 인간의 몸이다. 인간의 몸을 공유함으로써 세속성조차도 우리 인간의 삶에 주요한 부분임을 자각하게 된다. 이러한 예배 경험을 상실한다고 하는 것은 우리로 하여금 거룩한 목소리를 듣는 것이 이 세상에 끊임없이 영향을 주는 기회를 잃는 결과를 가져온다.

성서에는 하나님을 만난 수많은 사람들의 이야기가 담겨 있다. 이 성서에 나타난 초월자의 내러티브는 오늘날에도 계속되고 있는 예배의 행위 속에서 모방되고 재현되고 있다. 우리의 예배는 육체를 갖고 이 세상을 사셨던 그리스도를 예배하는 것이다. 우리는 예배를 통해 그리스도가 보시고 경험했던 세상을 우리의 감각으로 경험하게 된다. 하나님을 예배하는 행위를 통해서 인간은 모든 감각을 열어 하나님을 바라보게 된다. 예배는 인간의 감각과 관련해 역설적 의미를 담고 있다. 예배를 통해 우리는 세상을 초월해 존재하시는 그분을 바라보기도 하면서 동시에 이세상 안으로 우리를 부르시는 음성을 듣기도 한

라 샤펠 노트르담, 프랑스 롱샹

다. 그 손은 우리로 하여금 그분이 그러하셨던 것처럼 이 세상에 손을 내밀어 세상을 보고 느끼고 안으라고 명령하신다. 그 손은 의심하는 도마에게 자신의 몸의 고통의 흔적을 만지게 하신 주님의 손이다. 그분은 오늘 우리의 예배에서 그분의 육체의 고통과 부활, 그 신비와 깊이를 경험하게 하신다.

"신비"라는 어휘가 너무 오염되어 있기에 이 경험을 신비라고 표현하기에는 적절해 보이지 않지만, 이 신비는 예배를 통해 기독교만의 독특한 감성과 기질을 우리 안에 형성해 간다. 이 신비는 우리의 몸의 감각을 요구한다. 듣고, 보고, 만지고, 먹고, 마시는 행위를 통해 기독교의 내러티브를 형상화한다. 이러한 형상화는 은유적이고 상징적으로 표현된다. 은유와 상징은 우리의 가장 육체적인 경험으로부터 우리가 이해하지 못하는 가장 깊은 신비로 다시 우리를 인도하는 것이다. 따라서 예배에서 경험되는 육체의 행위는 이 신비 경험에서 필수불가결한 요소다. 우리는 찬양을 하고 말씀을 들으며, 손을 내밀고 사람들과 평화의 인사를 나누며, 무릎을 꿇고 참회의 기도를 드리며, 때로는 안수하고 다른 이를 위해 기도한다. 이러한 행위와 제스처는 보이는 행위를 통해 보이지 않는 하나님 나라를 경험하도록 우리를 이끈다.

예배는 소리와 침묵, 이미지와 이미지에 대한 저항, 인간의 상상력과 영적인 갈망이 교차하는 복잡한 교차로와 같다. 그 속에서 은유와 상징이 힘을 얻어 우리에게 말을 건다. 우리는 그 말 건넴을 온 육체로 경험한다. 인간의 이성이 해명하지 못하는 그 계시의 공간에서 인간의 상상력과 감성은 이미 그분을 경험하고 만나고 있는 것이다.

이러한 상상력과 몸의 경험, 은유와 상징에 대한 신학적 깊이를 한국 교회의 예배가 체화(embodiment)해야 할 시기가 도래했다. 체화는 예배를 통해서 하나님의 마음과 세상에 대해 반응하는 방식을 경험하게 한다.

3

성 육 신 과 인 간 의 몸

언젠가 미국 신학교에서 조교 신분으로 예배학 강의에 참여한 적 있다. 교수는 학생들을 모두 학교 부속 예배당으로 데려가 각자 원하는 곳에서 몸이 원하는 대로 행동하라고 요구했다. 몸을 의식으로부터 자유롭게 하라는 말에 학생들은 구석에서 소리를 지르거나, 몸을 비틀어 이상한 동작을 만들거나 노래를 하는 등 가지각색으로 움직였다. 남의 시선을 전혀 의식하지 않는 행동들이었다. 그 순간 필자는 손 하나 자유롭게 움직이지 못하고 있는 자신을 발견했다. 뻣뻣하게 굳어 버린 표정과 몸을 보게 된 것이다. 그러면서 깨닫게 된 것은 그동안 살아오며 자유롭게 취했던 몸동작이 몇 개 되지 않았다는 사실이다. 몸이 철저히 의식의 노예가 돼 있었다. 몸의 요구에 자연스럽게 반응한다는 것은 몸에 대한 긍정과 연관돼 있다. 필자는 예배학을 통해 몸의 소중함을 신학적으로 사유하기 시작했다.

성 프란치스 교회, 오스트리아 슈타이어

인간은 몸으로 태어나고 몸으로 죽는다. 그 몸은 자라서 성인이 되어 결혼하고 아이를 낳고 늙어 가고 다음 세대가 자라는 것을 보기도 한다. 사랑하는 사람을 안기도 하고 만지고 몸을 통해 생명과 생명이 연결되고 호흡하고 하나의 공동체를 이루어 간다. 종교는 몸을 제외하곤 이해할 수 없다. 기독교는 하나님이 인간이 되는 종교이다. 초월자가 인간이 되어서 아픔과 고통, 슬픔과 기쁨, 배고픔과 포만감을 경험한다. 그는 또한 고통 받는 자들을 바라보며 눈물을 흘린다. 몸의 고난과 십자가, 부활이 없이는 하나님의 구원을 이야기할 수 없다. 그리스도의 몸인 교회는 하나의 몸된 공동체이다. 함께 먹고 마시고 안아 주고 위로하며 무릎 꿇고 기도한다. 세상에서 경험하는 모든 감정은 몸에 의해 표현되고 형성된다. 우리가 예배를 통해 인간 경험의 모든 영역에 대한 관심을 가져야 하는 이유가 여기에 있다.

기독교의 핵심 교리는 예수의 성육신(incarnation)이다. 요한일서 1장 1절은 "태초부터 있는 생명의 말씀에 관하여는 우리가 들은 바요 눈으로 본 바요 자세히 보고 우리의 손으로 만진 바라"고 기록돼 있다. 이는 말씀이신 예수가 육체를 가진 실체로 인간에게 오셨음을 의미한다. 부활하신 예수는 의심하는 도마에게 "네 손가락을 이리 내밀어 내 손을 보고 네 손을 내밀어 내 옆구리에 넣어 보라"(요 20:25)고 말씀하며 그분의 성육신을 확증해 주신다.

성육신을 통해 종교는 추상적인 관념을 깨고 역사와 실천이라는 바다로 뛰어 들어온다. 보이지 않는 목소리의 실체를 들으려고 갈망하는 인간들의 강렬한 울부짖음과 아픔에 대한 응답은 그리스도 자신의 몸이었다. 예수의 진리는 들릴 뿐 아니라 그들에게 보이고 만져지

카라바조, 〈의심하는 도마〉(1601-02, 캔버스에 유채, 107x146cm, 포츠담 상수시 궁전)

고 감각된다. 하나님은 성육신하신 그리스도 안에서 자기를 계시하시는 '계시된 하나님'(*Deus Revelatus*)이다. 인간의 구원 계획은 육체를 입으신 그리스도를 통해 완성된다.

하나님이 이 땅에 육신으로 오셨다는 사건의 진정한 의미는 무엇일까? 그는 살아 있는 동안 고통받는 자들과 함께했다. 그의 귀로 그들의 신음소리를 들으셨고 치유자의 독특한 눈으로 그들을 바라보았으며 그의 팔과 손으로 그들을 감싸며 만졌다. 그는 말씀으로만 치유한 것이 아니라 그의 몸으로 그들과 만나고 그의 손길로 치유하신다. 그의 코로 이세상의 냄새를 맡았고 그의 입으로 이 세상의 음식을 섭

취하고 힘을 얻었다. 때로는 분노하셨고 때로는 상상할 수 없는 자애로움으로 이 세상의 폭력과 어두움을 감싸 안으셨다. 그는 육체를 갖고 있었으나 끊임없이 정죄하고 억압하는 세상의 논리에서 한없이 자유로우신 분이었다.

기독교에는 초월성이 강조되는 일신교적 전통과 기독교의 정수라고 할 수 있는 신이 인간이 되는 "육화"의 교리가 공존한다. 이 두 교리의 갈등은 성상논쟁과 종교개혁에서 보이듯이 서로를 위태롭게 하지만 기독교를 살아 있게도 만드는 긴장이다. 기독교는 2천 년 역사에서 인간의 몸을 정당하게 평가하지 못해 왔기에 기독교 신학이 풀어야 할 하나의 큰 숙제가 바로 인간의 몸과의 화해이다. 그리스 철학에 바탕을 둔 서구 형이상학은 한국의 개신교 신학에 지대한 영향을 끼쳐 왔다. 특히 플라톤은 인간의 영혼이 인간의 육체 안에 갇혀 있는 노예와도 같다고 주장했다. 영혼이 육체에서 해방되는 것이 구원이고 자유라고 가르친 플라톤과 신플라톤주의가 개신교 신학에 지대한 영향을 끼쳐 온 것은 사실이다. 이는 신학에 깊이 뿌리를 내리고 있는 영적인 것과 육적인 것을 분리하는 이원론적 입장, 나아가 육체가 이성에 복종해야 한다는 사상을 불러일으키게 되었다.

신학에서 몸에 대한 논의는 오래전부터 있어 왔다. 이미 5세기에 칼게돈 회의(The Council of Chalcedon)에서 예수의 신성과 인성의 문제를 논하며 예수를 '완전한 신이자 완전한 인간'(Fully Divine, Fully Human)이라고 하였다. 이는 그리스도의 육체성과 신성에 균열이 없다는 의미인 동시에 그리스도는 그의 독특한 방식으로 이 세상과 사람들을 이해하고 보고 있다는 의미를 갖는다. 몰트만은 이를 케노시스(kenosis)로 설명한다. 케노시스는 하나님이 자신을 완전히 비워 인간의 몸을 입고(incarnation: 육화, 성육신) 이 땅에 오셔서 상처받기 쉬운 상태(vulnerability)가 되었다는 것을 의미한다. 기독교 최대의 신비는 하나님 자신이 인간의 몸을 입고 이 땅에 오신 것이다. 하나님 자신이 스스로 상처받기 쉬운 인간의 몸으로 오셨다고 하는 것에서 멈추는 것이 아니라 나아가 인간의 고통을 체휼하고 이를 통해 인간을 구원한다는 것이다.7) 그러나 몰트만은 예수의 육체성을 단순히 체휼과 고통의 통로로만 이해하는 한계를 벗어나지 못하고 있다.

우리는 여기서 그리스도의 육체의 고난과 고통이 갖는 신학적 의미를 넘어서서, 그 고난을 포함한 그리스도의 신비가 어떻게 신자들의 삶을 인도하고 포괄하는지를 살펴봐야 한다. 조이스 앤 짐머만은 그리스도의 삶, 고난, 죽음, 부활, 승천, 성령을 보냄 그리고 재림의 약속인 파스카 신비를 어떻게 예배 참석자들이 경험하는에 대해 질문한다. 파스카 신비는 우리의 매일의 삶에서 이 사건들을 재구성하는 것이다. 그리스도의 신비와 파스카 신비의 구분은 우리 기독교인의 삶이며, 그 신비는 그리스도의 신비이면서 동시에 우리의 신비인 것이다.8) 예배 속에서 그리스도의 파스카를 기억하고 경험하는 것은 그리스도의 전 신비를 우리의 삶 속에서 재구성하며 우리 자신과 그의 신비 가운데 거하는 우리의 삶을 포괄하는 것이다.

데이비드 파워에 따르면 인간은 몸의 의식(bodily ritual) 안에서 성스러운 존재와 일차적 경험을 갖는다. 초월자와의 관계는 언어화되기 이전에 이미 몸의 경험을 통해 어떤 초보적인 형태로 주어지는 것이다. 요한 하위징아는 그의 저서 《호모 루덴스: 놀이하는 인간》

(연암서가, 2010)에서 놀이와 의식의 관계를 다음과 같이 말했다. 놀이가 몸과 우주의 인식을 표상하는 것으로, 직감적인 자기표현의 형식이며 사유되지 않고(unreflected) 친밀하고(undistanced) 지적인 형식의 표현에는 관심이 없는 상호작용이요 움직임의 패턴인 데 반해, 의식은 놀이보다 추상화된 형태지만 규칙이나 리듬, 반복에 대한 일정한 준수를 요구한다. 한마디로 의식은 형식화된 놀이(formalized play)라고도 할 수 있다. 종교 의식은 생태, 우주의 패턴들과 조화를 이루고 그 패턴을 인식하며 순응하기 위한 표현이다.

예를 들어 세례에서의 침수는 개인의 정체성이 우주적 패턴에 동화되는 것이라 표현할 수 있다. 이는 하나의 언약 공동체로 들어가는 입교 행위이자 땅으로 내려가는, 혹은 자궁으로 되돌아가는 이미지로 표현되는 정체성의 결합이다. 여기서 중요한 것은 의식이 갖는 기본적인 몸의 경험들이 초월적 존재의 내러티브를 재현하고 모방한다는 것이다. 이런 모방과 재현을 통해 차별이 모호해지고 서로의 정체성이 융화되면 여기서 분리된 일체성(separate identity)이 나타난다.[9]

인간의 육체성과 물질성은 고통을 인식하는 통로이기에 앞서서 인간 실존의 기초가 되는 것이다. 살아 있는 몸은 우리의 세계를 인식하고 해석하는 수단이다. 인간의 몸은 물질적인 것으로서, 사회적 실존이 갖는 물질적 성격을 생생하게 경험한다. 인간의 몸이 아프고 고통스러워하고, 죽음을 경험한다. 몸이 미적인, 육체적인 감각적 쾌락을 경험한다. 음식의 냄새, 자장가 소리, 아름다운 석양, 사랑하는 사람을 포옹하는 것 등은 실제적인 인간의 몸이 경험하는 것이다. 예배학적 관점에서 본다면 하나님이 이 땅에 몸을 입고 오셨다는 것은 예배가 어떻게 인간이 그리스도를 닮아 가는 성화와 연결될 수 있는지를 예시하고 있는 것이다. 예수께서 몸을 입고 이 세상에 오셔서 이 세상을 호흡하고 보고 만지고 느끼고 경험하신 것이다. 그 세상은 죄로 경도된 세상이었으나 동시에 하나님이 창조한, 보시기에 좋은 세상이었다.

이제 인간이 거룩해진다고 하는 것은 하나님이 육체를 입고 이 땅에 오신 것처럼, 감각과 몸에 대한 긍정을 동반하는 것이다. 그분이 말하는 것처럼 말하고, 그분이 느끼는 것처럼 느끼고, 그분이 만지는 것처럼 만지고, 그분이 보는 것처럼 세상을 보고, 그분이 듣는 것처럼 사람들의 말과 세상의 소리를 듣는 것을 통해, 다시 말해 그분을 닮아가는 가운데(*Imitatio Christi*) 인간의 성화가 일어나는 것이다. 이는 신학적 당위가 아니라 예배를 드리는 중에 실제로 일어나는 경험적 현상들이다. 그리스도의 신비적 차원은 인간의 현재의 경험에 늘 열려있으며 이는 우리의 인식과 육체성 안에서 현재화된다.

이런 의미에서 예배는 종말론적 행위(praxis)이고 예배 가운데 사람들은 그들의 감각과 육체를 통해 하나님의 신비를 미리 맛보게 된다. 이 신비는 내 영혼 안에서만 경험되는 것이 아니라 하나님과 이웃 가운데 함께 드러나고 인식되는 공동체적 신비다. 예배에서 몸의 움직임은 하나님의 신비를 조금 더 가까이 느끼고 만질 수 있게 돕는다. 단 샐리어즈는 인간을 하나님의 거룩함으로 인도하고 종말의 시간을 현실 속에 가져오기 위해서 예배가 모든 예술적 장르를 요구한다고 말했다. 그리스도의 삶과 죽음과 부활의 이야기가 우리 삶의 이야기 안으로 스며드는 것, 성찬을 통해 빵을 나누고 서로 연결된 한 몸을

빛되신 그리스도 교회, 미국 오클랜드

화이트 채플, 미국 인디애나

이뤄 가는 것, 이것이 바로 예배의 신비다. 이 신비는 인간의 육체성을 통해 예배자가 그리스도를 만나고 이웃의 고통을 인식하게 되는 신비다.

이 땅에 몸으로 오신 하나님은 인간의 눈물을 그의 눈에서 흘렸고 인간의 고통을 그의 몸으로 경험했다. 그리스도의 눈에 인간의 고통이 들어오고 그 아픔이 눈물로 변할 때, 하나님의 파토스는 인간의 파토스를 품는 거룩한 생명의 파토스가 된다. 인간의 설명할 수 없고 이해할 수 없는 고통이 하나님의 초월과 부재의 경험이라면, 그 고통을 바라보며 흘리는 눈물은 임재와 성육신적 계시의 경험이다. 인간의 몸을 입고 오신 그리스도는 우리의 몸을 통해 예배받기를 원하신다. 성육신(incarnation) 사건은 영원히 화해하기 어려울 것처럼 보이는 하나님의 임재와 부재의 조화이며, 기독교의 양립될 수 없는 교리처럼 보이는 초월성과 내재성의 조화이다. 성육신 사건은 하나님의 관점에선 인간의 역사와 고통에 대한 거룩한 참여(engagement)이며 인간의 처지에선 우리의 고통을 통해 하나님의 파토스를 경험하는 통로가 되는 것이다. 그리스도의 눈에 인간의 눈물이 흐를 때, 이는 인간의 역사와 아픔에 대한 하나님의 내주하심(쉐키나)이며, 인간의 눈에 거룩한 눈물이 흐를 때, 하나님의 파토스는 우리의 역사 안에서 변화의 원동력이 되는 것이다. 이 둘은 눈물을 흘리는 인간의 몸의 경험을 매개로 만나게 되어 있다.

4

예 배 언 어

어렸을 때 〈닥터 지바고〉란 영화에서 러시아의 대평원을 본 적이 있다. 끝없이 펼쳐진 대평원과 그 평원이 하늘과 맞닿은 곳에 있는 지평선은 서울의 콘크리트 건물 속에서 태어나고 자란 내겐 신선한 충격이었다. 그때부터 언젠가는 땅 끝을 보고 싶다는 생각을 했다. 하늘과 땅이 닿은 모습을 보고 싶다는 꿈을 꾸었다. 십 년 가까운 유학 생활 동안 본의 아니게 미국에서 대륙 횡단을 세 번이나 했다. 일주일 넘게 질리도록 사막만 본 적도 있다. 그때 계속 펼쳐지는 사막을 보며 생각했다. 도시는 언어의 세계이고 말을 잘해야 인정받는 세계다. 지배와 복종, 강자와 약자가 늘 존재하는 공간이다. 그러나 광야는 침묵의 세계였다. 태양과 바람, 이름을 알 수 없는 풀들이 인간이 이해할 수 없는 대화를 하고 있었다. 언어는 소통을 가능하게도 하지만 단절을 가져오기도 한다. 그래서 침묵이 흐르는 광야가 더 많은 말을 하고 있는

듯 느껴졌다.

한번은 미국 남부 애틀랜타에서 햄버거 가게에 갔다. 남부의 지독한 사투리를 쓰는 흑인 점원의 말은 영어 같긴 한데 전혀 알아들을 수 없는 영어였다. 한국에서 교과서로 배웠던 영어와는 전혀 다른 생소한 언어였다. 햄버거를 먹겠다는 일념하에 몇 번이나 같은 말을 반복하며 주문을 했지만 결국 그들은 내 영어를 알아듣지 못했고 나도 그들의 영어를 이해하지 못했다. 알아듣지 못하고 눈만 멀뚱멀뚱 뜨고 있는 나를 보며 그들은 자기들끼리 키득거렸다. 같은 시간과 공간 안에 있지만 철저히 다른 세계를 살아간다는 단절의 경험을 했다.

예배의 언어는 상황의 언어

언어를 통해 사람과 소통하는 것은 쉽지 않다. 단어나 문장이 우리의 마음과 감정 그리고 인격과 영성을 다 담아내기에는 한계가 있기 때문이다. 때로 언어를 지나치게 남용함으로써 그 말이 지닌 깊이를 상실하기도 한다. 또 언어를 오용함으로써 본래의 의미를 왜곡하는 결과를 초래하기도 한다.

때로 주일예배 설교를 들을 때 설교자가 말하고자 하는 바가 A인지 아니면 B인지 헷갈릴 때가 있다. 복음적인 내용의 설교인 것 같지만 설교자의 정치적 성향이나 신념을 복음적인 내용으로 포장해 전달하고 있다는 느낌을 받게 되는 경우가 그렇다. 심지어는 설교자의 자기변호와 이익을 위해 성경 말씀을 오용하는 경우도 있다. 지나친 자기연민과 주관적 감정에 깊이 젖어 있는 설교자는 자신의 그릇된 방향을 의식하지 못한 채 자기기만에 빠질 수도 있다. 문제는 설교자뿐 아니라 회중도 이를 의식하지 못하는 가운데 비판적으로 판단할 겨를 없이 그런 설교를 하나님의 말씀으로 받아들이게 된다는 것이다.

예배의 여러 가지 요소들, 예를 들어 성가대의 찬양, 죄의 고백, 심지어는 성찬 등을 통해 이러한 설교자의 설교는 내면화될 수 있다. 이는 예배에서 늘 일어나고 있는 의미의 의식적/무의식적 왜곡 현상이다. 설교자 자신의 관심과 선입견이 설교를 통해 여과 없이 전해질 때, 예배에 참석하는 회중은 설교자의 신학적이고 정치사회적 입장을 쉽게 받아들이게 되고 예배의 다양한 요소를 통해 내면화하게 된다.

예배에서 이런 오용이 빈번하게 일어나는 이유는 예배의 언어가 텍스트의 언어가 아닌 컨텍스트의 언어이기 때문이다. 프랑스의 사회과학자인 피에르 부르디외(Pierre Bourdieu)는 그의 책《언어와 상징의 힘》(*Language and Symbolic Power*)에서 언어의 사회정치적 의미를 설명한다. "권력의 언어는 피지배자들의 동의가 없으면 결코 힘을 행사할 수 없다. 이런 공모가 조장되는 사회적 형태의 도움 없이는 권력의 기초 자체가 불가능하다."10) 부르디외는 언어 그 자체보다 말하는 자와 듣는 자의 정체성에 따른 사회정치적 함의에 큰 관심을 갖는다. 그에게는 언어의 사회심리학적 영향이 언어 자체의 의미보다 중요하다.

때로는 우리의 실존적 상태가 특정한 문화나 사회적 상황에서 언어의 의미를 해석하는 데 투영되어 해석에 강한 영향을 준다. 사회문화적 다이내믹에 의해 형성된 의미는 인지와 감정과 같은 기초적인

뉴먼 홀, 미국 버클리

사회심리적 과정에 영향을 준다. 예배 언어도 예외가 아니어서 예배의 의미와 효과는 문화적 소통과 집단 기억, 집단적 감성에 의해 형성된다. 나아가 예배자가 하나님을 예배하는 동안 성도들은 집단적인 기억과 경험에 동참하게 되고 이는 결과적으로 개인뿐 아니라 교회의 정체성 형성에 기여한다. 예배는 회중을 사회화할 수 있고 그런 사회화는 기존의 사회적 체계와 가치를 그대로 유지하고 전달하는 수단이 된다.

훌륭한 예전과 아름다운 음악 그리고 훌륭한 설교가 있으나 예배의 현장에서 역동성이 떨어지는 느낌을 받는 경우가 많다. 반대로 설교나 음악이 그다지 훌륭하지 않은데도 강한 역동성을 경험하는 예배도 있다. '역동성'이라는 표현은 인간 감정의 흥분 상태를 가리킨다기보다 초월적 대상에 대한 회중의 경험적 표현이요, 그 초월자와의 만남을 통해 일어나는 자기 성찰적 행위의 표현이다. 따라서 최근의 예배 이해는 학자나 전문가가 가르치는 예배의 본질이 아니라 퍼포먼스 이론을 통한 예배 참여자의 경험적 해석에 초점을 맞춘다. 참여자가 하나님을 깊이 경험하고 인식의 변화를 이뤄 가는 과정을 연구하기 위해 예배 참여자가 자신의 사회문화적 상황에 따라 예배의 의미를 어떻게 해석하는지를 조명해 보는 것이다.

예배의 언어는 마음의 언어

언어의 내포적 의미는 대부분 머리가 아닌 감각 기관, 즉 몸을 통해 인식된다. 예배에서의 언어는 기도와 찬양, 말씀 선포 등으로 이뤄진다. 특히 멜로디에 담긴 노래 가사를 통해 하나님을 예배하고 찬양하는데 이때 멜로디와 언어의 내용은 인간의 감정을 유발하고 몸을 통해 반응된다. 따라서 예배의 언어는 마음의 언어이고 감정의 언어다. 때로 신학자들은 신학에서 감정을 무시하거나 제거하려고 한다. 감정이 개입된 언어 해석은 종종 깊이가 없거나 천박한 것으로 간주됐다. 그러나 이것은 오해다. 모든 언어적 사실은 감정을 유발한다. 누군가 내게 거짓말을 하거나 내 험담을 한다면 당연히 기분이 좋지 않다. 내가 사랑하는 누군가가 나를 안아주고 축복해 준다면 그보다 기분 좋은 일이 있을 수 없을 것이다. 언어의 내용은 자연스럽게 그에

해당하는 감정을 유발하고 몸을 통해 반응된다.

미구엘 드 우나무노(Miguel de Unamuno)는 그의 책 《인생의 비극적 감각》(*Tragic Sense of Life*)에서 다음과 같이 주장한다.

> 하나님을 믿는다면서 그를 사랑하지도 두려워하지도 않는다고 말하는 사람은 그를 믿는 것이 아니라 단지 하나님이 존재한다고 생각하는 사람들이다. …… 하나님을 믿고 있다고 말하지만 가슴에 열정이 없고 마음에 번뇌가 없고 확실성이 없고 의심이 없고 위로를 필요로 하는 절망의 순간이 없는 사람들은 하나님에 대한 개념을 믿는 것이지 하나님을 믿는 것은 아니다.

마찬가지로 성경에는 수많은 탄원, 욕망, 찬양, 갈급함과 같은 감정의 표현들이 드러나 있다. 하나님에 대한 묘사는 하나님에 대한 원망의 형태로 나타나기도 하고 찬양의 형태로 나타나기도 한다. 때로는 이 두 가지가 결합해 복합적인 감정 상태로 나타난다. 기독교 신앙은 하나의 깊은 감정의 유형이다. 예배에서 우리는 하나님께 감사하고 그분을 두려워한다. 죄악에 대해 슬퍼하면서 동시에 하나님의 용서를 기뻐한다. 이 기쁨은 이웃에 대한 사랑으로 표현되고 실천된다. 죄인이라는 생각에 수반되는 감정은 죄책감과 슬픔이다. 죄에 대해 후회하고 애통해 하는 마음이 없다면 그것은 진정으로 회개한 것이 아니다. 통회하는 마음에서 기도하면 회개의 감정 속에서 하나님께 몰두하게 된다.

사도 바울이 "내가 원하는 바 선은 행하지 아니하고 도리어 원하지 아니하는 바 악을 행하는도다"(롬 7:19)라고 고백할 때 이는 자연적인 슬픔이나 후회가 아니다. 하나님의 거룩과 인간의 죄에 대한 이야기이다. 이는 인간의 죄성과 하나님의 거룩을 아는 믿음에 의해 가능하다. 우리가 믿는 것과 그 믿음에서 비롯된 감정은 나뉠 수가 없는 것이다. 하나님에 대한 지식을 얻게 되면 그분의 시각에서 인간이 어떤 존재인지를 깨닫게 된다. 이사야 6장에 나타난 것처럼 하나님은 거룩하고 의로운 분이고 인간은 그러하지 못하다. 하나님에 대한 지식 없이는 하나님에 대한 감정이 존재하지 않는다. 그분의 고통, 그분의 소원, 그분의 비전을 알지 못하면 하나님에 대한 신뢰의 감정이 생길 수 없다.

인간은 그렇게 지어졌다. 하나님의 형상으로 지음 받았다는 것은 이런 차원을 포함한다. 예배의 언어는 인지적 언어만이 아닌 감정과 감각의 언어다. 예배를 통해 환희와 슬픔, 기쁨과 희망, 감사와 미움에 가득한 자신을 초월자 앞에 내어 놓는다. 하나님을 예배한다는 것은 그분의 성품과 그분이 하신 일 그리고 세상을 향한 그분의 사랑을 예배하는 것이다. 이는 성경의 많은 이야기들 속에서 우리에게 전해진다. 삼위일체 하나님과 그분의 백성 이야기는 성서의 생생한 묘사를 통해 우리의 감성을 일으킨다. 이런 감성은 반복적으로 우리 안에 각인되고 내면화된다. 그리고 이런 과정에서 하나님의 이야기는 내 자신의 감성으로 스며들고 체화된다. 예수 그리스도의 삶과 죽음, 부활, 다시 오심에 대한 약속은 그에 따른 고통과 소망의 의미를 알게 하며 그 의미는 그에 따른 독특한 감성을 예배자들에게 심어 놓는다. 시편 42편은 하나님을 갈망하는 예배자의 모습을 보여준다.

"하나님이여 사슴이 시냇물을 찾기에 갈급함 같이 내 영혼이 주를 찾기에 갈급하나이다. 내 영혼이 하나님 곧 살아 계시는 하나님을 갈망하나니 내가 어느 때에 나아가서 하나님의 얼굴을 뵈올까 사람들이 종일 내게 하는 말이 네 하나님이 어디 있느뇨 하오니 내 눈물이 주야로 내 음식이 되었도다."(시 42:1-3)

이 시편에는 하나님을 갈망하지만 그분의 음성과 그분의 흔적을 찾을 수 없는 예배자의 절망이 드러나 있다. 하나님 부재의 경험은 오히려 하나님에 대한 강한 소망으로 연결된다. 그분의 부재 경험은 인간에게 절망을 주지만 동시에 소망을 주기도 한다. 매우 모순적인 감정이 하나의 사건에서 동시에 또는 연이어 일어나기도 하는 것이다. 따라서 예배자의 신앙은 종교적 경험을 해석하기 위한 교리 체계를 넘어선다. 이런 감정의 복합성은 인간의 복잡성에서 기원하며 신앙은 이런 감정 없이는 경험될 수도, 해석될 수도 없다

여기서 주의해야 할 점은 설교자나 인도자가 예배에서 나타나는 감정의 흐름을 인위적이고 강압적으로 끌어가지 말아야 한다는 것이다. 회중에게 강한 인상을 주기 위해 지나치게 감정에 호소한다든지 과잉된 웃음이나 울음으로 참여자를 자극하는 것은 매우 가식적이고 적절치 못한 행위다. 오히려 솔직하고 담백한 언어, 힘이 들어가 있지 않은 언어가 사람을 더 깊이 감동시키고 변화시킨다. 나아가 예배에서 성경의 이야기가 회중의 삶을 조명할 때 감정은 그들에게서 자연스럽게 흘러나오게 된다.

예배의 언어는 몸의 언어

때로 예배자들은 자신에게 생기는 감정이 왜 일어나는지 설명하지 못할 때가 많다. 예를 들어 찬양을 부르다가 혹은 설교를 듣다가 울음을 터뜨리는 사람에게 "지금 왜 울고 있냐"고 물어본다면 그 사람은 자신이 우는 이유를 설명하기 위해 자신의 감정을 해석하기 시작한다. 사실 그 해석은 정확하다고 볼 수 없다. 왜냐하면 자신도 모르는 어떤 심층적인 의식의 변화에 몸이나 감정이 반응하는 것이기 때문이다.

생리학자들은 기억이 인간의 뇌가 아닌 몸에 저장된다고 이야기

한다. 마치 세포 안에 각인돼 있듯 이해 불가능한 수많은 사건이 우리의 기억 저장고에 묻혀 있다가 느닷없이 몸의 반응으로 나타나는 것을 볼 수 있다. 의사나 심리 치료사 들은 외상후스트레스장애(PTSD)를 치료할 때 주로 트라우마에 집중하여 인지행동 치료요법(Trauma Focused cognitive behavioral therapy)을 사용하곤 한다. 이는 트라우마를 연상시키는 감정과 생각, 상황에 자신을 노출하는 것이다. 즉 스트레스장애를 일으켰던 사건을 받아들이고 이를 자기 삶의 한 부분으로 인정하는 것이다. 인정이 곧 치료의 시작이다.

그러나 나는 이런 인지적 치료 방법에 문제가 있다고 생각한다. 인식의 수면 위로 떠오른 문제의 결과에 집중하기 때문이다. 이 방법은 지나치게 언어에 의존적이므로 언어 혹은 문화 장벽이 있을 경우 치료하기가 어렵다. 하지만 외상후스트레스장애의 문제가 인식의 장애를 넘어서 몸의 문제라는 생각으로 접근하면 해결 방법이 달라질 수 있다. 인간의 몸은 의식의 수면 위로 떠오르지 않은 부분조차 기억하며 통제하고 그 스트레스를 조절하고 있다.

예배라는 현장은 이런 인간의 감정을 자연스럽게 노출하게 하며 그 노출은 대안이 없는 노출이 아니라 하나님의 이야기로 조명되고 해석되기 위한 노출이기에 더욱 안정적이다. 하나님의 이야기는 인간의 실존 문제를 건드리며 감정의 변화와 의지의 변화를 동반한다. 이는 의식의 변화를 포함한 몸의 변화이며 훈련이다.

예배를 통해 주기적으로 감정의 변화를 경험할 때 기질과 인격도 변화한다. 따라서 감정의 변화는 일시적이지만 이것이 예배를 통해 반복성을 갖출 때 이는 인격의 변화로 발전할 수 있다. 하나님의 거룩

성 프란치스 교회, 오스트리아 슈타이어

한 성품에 참여하는 것이 예배이고 그 예배를 드리는 자는 하나님의 성품을 닮을 수밖에 없다. 따라서 예배에서의 언어와 감정을 이해하기 위해서는 먼저 몸과 기억에 대한 신학적인 이해에 접근할 필요가 있다.

이렇게 예배의 언어는 감정을 표현하는 동시에 기독교적 감성의 기질과 성품을 형성한다. 예배를 통해 예배자는 하나님께 감정을 집중함으로써 자기 스스로를 바라보는 깊은 영역으로 나아가야 한다. 그리고 이런 예배적 감성은 기도와 말씀, 찬양을 통해 훈련돼야 한다. 예배는 하나님을 만나는 행위이고 하나님의 신비 안으로 들어가는 여정이다. 동시에 하나님 앞에서 살아가는 인간 자신과 그의 모호한 현실과의 만남이기도 하다. 이는 성경 곳곳에 나타나는 하나님에 대한 원망과 분노, 슬픔의 탄식 등으로 표현되기도 한다. 모호한 세계 현실에서 예배자는 때로 시편 109편에서 보는 것처럼 저주의 표현까지 하고 있다.

"내가 찬양하는 하나님이여 잠잠하지 마옵소서. …… 그들이 악으로 나의 선을 갚으며 미워함으로 나의 사랑을 갚았사오니 악인이 그를 다스리게 하시며 사탄이 그의 오른쪽에 서게 하소서. 그가 심판을 받을 때에 죄인이 되어 나오게 하시며 그의 기도가 죄로 변하게 하시며 그의 연수를 짧게 하시며 그의 직분을 타인이 빼앗게 하시며."(시 109:1-8)

이런 부정적 언어가 과연 예배에 적절하냐는 질문을 제기한다면 성경을 읽어 보라고 권하고 싶다. 성경은 인간의 부조리와 죄성, 타락

뉴코트 수도원, 체코

에 대한 적나라한 묘사와 인간 실존의 나락을 여과 없이 증언하고 있다. 그리고 그에 대한 고통의 몸부림과 탄식의 눈물이 강을 이루고 있다. 동시에 그런 눈물을 흘리는 자들이 갖는 소망과 환희도 이야기하고 있다.

이런 예배적 언어와 감성은 하나님의 현실과 세계의 현실 사이에 존재하는 간격을 메우는 일종의 '튜닝 장치'다. 서로 다른 두 개의 주파수를 맞추는 장치이고 하나님과의 대화이며, 연합을 위한 몸부림이다. 이는 하나님의 삶을 탐구하는 과정이며 세상을 해석하는 방식을 배우는 과정이다. 따라서 예배에서 말을 하고 행동하고 이해하는 것은 예배자의 실존과 깊은 관련이 있다.

이처럼 예배의 언어는 마음의 언어이고 몸의 언어이다. 그 언어는 인간의 언어인 동시에 하나님의 언어이다. 고통받는 자들의 한가운데서 그들과 함께 계신 그분의 쉐키나가 곧 하나님의 언어이고 하나님의 아름다움이다. 우리가 또한 타인의 고통 안에 깊이 참여할 때 우리는 그분의 언어와 그분의 아름다움을 경험한다. 따라서 예배의 언어는 인간의 언어이기 이전에 하나님의 언어이다. 세상의 어두움과 자신의 죄에 애통하는 자들은 이미 하나님의 언어로 세상에 대해 말할 자격이 있다. 세상의 고통에 침묵하지 않으며 그들과 함께하는 자들, 그들이 바로 이 시대에 진정한 설교자들이다. 이 시대의 회중들은 그러한 설교자를 애타게 찾고 있다.

5

침묵과 탄식

어느 날 수업을 듣던 감리교 목사님 한 분이 찾아와 아주 놀라운 예배 경험을 했노라고 흥분된 어조로 말씀하셨다. '침묵'의 신학적 의미에 대한 강의를 한 바로 다음 주였다. 그 목사님은 성찬식을 집례하면서 주님의 잔을 나눈 뒤 여느 때와 달리 성도들에게 침묵으로 기도할 것을 제안하셨다고 한다. 모든 인류의 구원을 열망하셨던 주님과 그분의 십자가 죽음을 묵상하고, 오늘날 우리에게 생명을 허락하신 데 대한 감사 기도를 짤막하게 한 뒤 성찬을 선포하는 성경 낭독과 긴 침묵의 시간을 가졌다. 몇 분이 지났을 때 권사님 한 분이 흐느껴 울기 시작했다. 주변에 있던 성도들도 하나둘 흐느끼기 시작했다. 주님의 조건 없는 사랑과 은혜와 부활의 평안을 경험하게 된 것이다. 목사님은 침묵에 그토록 강력한 힘이 있는지를 처음 깨달았노라고 고백했다.

종교개혁 이후 기독교는 언어의 종교로, 가르침의 종교로, 설명과 이해의 종교로 변했다. 그리고 이성과 합리성을 강조하는 근대주의와 함께 성장하기 시작했다. 이는 한국 교회에도 영향을 미쳤다. 개혁주의 전통에 서 있던 한국 교계는 말씀을 중시하는 개혁주의 정신에 충실했으며 이는 설교를 지나치게 강조하는 예배 형태로 이어졌다. 사람들은 설교를 통해 재정과 인간관계, 자녀교육 등 다양한 삶의 문제를 해결 받을 수 있다고 기대했고 응당 그래야 한다고 여기게 됐다.

하지만 주지하다시피 예배의 궁극적인 목적은 삶의 문제를 해결하는 것이 아니다. 예배를 드린다고 늘 문제에 대한 정확하고 즉각적인 답이 나오는 건 아니다. 그러므로 우리는 이해할 수 없는 사건들을 무리하게 해석하거나 지나치게 의미 부여하려는 시도를 절제해야 한다. 하나님의 신비와 거룩함에 대해서 자의적으로 해석하고자 하는 유혹과 욕망을 내려놓아야 한다. 이는 우리가 하나님의 거룩한 임재와 신비를 인간의 언어로 전달하려는 욕망과 기대를 포기할 때 가능하다. 예배를 감동 있게 만들겠다는 욕망 혹은 만들어야 한다는 강박은 종종 인간의 감정을 인위적으로 조작하는 열광주의나 반지성주의로 흐를 수 있다. 또 청중의 즉각적이고 열광적인 반응을 기대하는 목회자의 조급증은 기독교의 내러티브(예수 그리스도의 성육신, 삶, 죽음, 부활)에 담긴 감정의 깊이를 스스로 느낄 수 있는 기회를 제한해 버리기도 한다. 성도들을 소리와 침묵, 빛과 어둠, 부활과 죽음 사이의 어정쩡한 어색함을 못 견뎌 하는 미성숙한 신앙인으로 만드는 것이다.

시편, 예언서, 복음서, 서신서의 내러티브 안에는 하나님을 향한 탄식과 절망이 가득 차 있다. 탄식과 절망이 가득하다는 것은 역설적으로 하나님의 구원 역사가 절박하게 필요함을 의미한다. 인간이 하

떼제 공동체, 프랑스

나님을 찾고 구원을 소망하던 시기는, 하나님의 현존이 강렬한 시기라기보다 하나님의 부재가 강하게 느껴지던 시기였다. 하나님을 온전히 이해할 수 없는 인간의 한계와 무능을 맞닥뜨리는 경험이요, 그래서 하나님께 하나님 되어 달라는 탄원의 시간이었다.

이 시점이 예배의 시작이고 예배의 마침이라고 할 수 있다. 때때로 예배에서 강요되는 '아멘'은 인간 내면의 어두움과 탄식을 드러낼 시공간을 강탈하고 있다. 필자는 예배 인도자에게 주일 공중예배에서 죄의 고백 이후나 성찬을 전후해 침묵기도를 시도해 볼 것을 제안한다. 왜냐하면 이 침묵의 시간은 인간의 죄와 어두움을 드러내고 그럼에도 값없이 주시는 하나님의 은혜의 선물을 깊이 경험하도록 하기 때문이다.

몇 해 전 언론에 마더 테레사의 편지가 공개되어 논란이 된 적 있다.

1959년 6월 3일

주님, 나의 하나님, 제가 어떠하기에 저를 버리십니까? 그토록 사랑받았던 자녀가 이제는 가장 미움받는 자녀, 누구에게도 사랑받지 못하고 오히려 버림받는 자녀가 되고 있습니다. 애타게 원하고 부르짖지만 아무도 대답하지 않습니다. 제가 매달릴 수 있는 사람이 아무도 없습니다. 단 한 사람도 없습니다. 혼자입니다. 어둠은 너무나 짙습니다. 그리고 저는 혼자입니다. 아무도 저를 원하지 않으며 저는 버림받았습니다. 제 믿음은 어디로 가 버린 걸까요? 마음 깊은 곳, 저 깊은 곳에는 공허함과 어둠뿐

입니다. 나의 하나님, 이 알 수 없는 고통을 언제까지, 얼마나 더 견뎌야 합니까? 주님은 저를 사랑하신다고 말씀하시지만…… 어둡고 차갑고 공허한 현실이 저를 압도하기에 그 어떤 것도 제 영혼에 와 닿지 않습니다. 나의 하나님, 이토록 작은 제게 도대체 무엇을 하고 계십니까?

마더 테레사라면 하나님과 평생 동행하며 그분의 임재 안에 살았으리라 생각했던 수많은 독자들은 이 편지에 큰 충격을 받았을 것이다. 그러나 한편으론 마더 테레사 역시 깊은 절망과 공허, 어두움과 싸웠던, 우리와 성정이 같은 사람이었음을 보여주는 고백이기에 오히려 위로가 되기도 한다.

신비로운 사실은 가장 깊은 절망 가운데 있는 자가 가장 아름다운 예배를 드린다는 사실이다. 때때로 하나님은 침묵하심으로써 오로지 그분만으로 만족하는 신앙의 깊이를 우리에게 가르쳐 주신다. 우리의 기대를 만족시키기보다 오히려 무너뜨림으로써 그 위에 새 희망을 심으신다. 시인 엘리엇은 끝 안에 새로운 시작이 있다고 말했다. 죽음은 부활과 생명의 시작이다. 죽음을 가까이 경험할수록 새로운 시작과 희망을 경험하게 되는 것처럼, 가장 깊은 절망 속에서 우리는 하나님이 베푸시는 희망을 발견하게 된다. 그 희망을 보기 위한 기독교의 전통적인 영성 훈련이 바로 침묵이다.

성 프란치스 교회, 오스트리아 슈타이어

침묵하시는 하나님

인간은 설명할 수 없는 비극을 경험할 때 하나님의 현존을 의심하게 된다. 역사상 인류는 극심한 고통을 경험해 왔다. 600만 유대인이 학살당한 홀로코스트, 양차 세계 대전, 이라크 전쟁, 9·11 테러, 지진, 쓰나미, 원전 사고, 종족 학살 등등. 이유 없이 다가오는 고통에 직면할 때마다 인간은 이렇게 외친다. "이토록 비참하고 고통스러운 상황에서 하나님 당신은 어디에 계십니까?" 신학자들은 인간의 이해를 초월하는 하나님을 가리켜 '숨어 계신 하나님'(*Deus Absconditus*), '보이지 않는 하나님', '침묵하시는 하나님'이라고 불렀다.

"내 생각이 너희의 생각과 다르며 내 길은 너희의 길과 다름이니라."(사 55:8)

질병과 사고, 전쟁, 재난, 경제적 파산, 인간관계의 갈등 등 영혼의 어두운 밤을 지나며 아무리 기도해도 대답이 없을 때 인간은 침묵하시는 하나님을 경험한다.

예헤즈켈 카우프만이라는 유대교 학자는 구약 시대의 성전에서 침묵에 대하여 언급하였다. 그의 연구에 따르면 성전은 침묵의 왕국이었다. 이집트나 바빌로니아와 같은 이교도들의 종교 의식은 언어와 주술로 가득 차 있다. 즉 이방신을 섬기는 그들의 제사에서는 주술적이고 신화적인 의미를 갖고 구술이 이루어진다. 그러나 구약의 성전에서 제사장은 아무 말도 하지 않는다. 제사장의 모든 예전적 행위는 아무 언어적 표현이 없이 이루어진다. 시편을 읽지도 않고 심지어 기도도 하지 않는다. 이 침묵은 이방신을 예배하는 이교도들과의 차별을 나타내는 주요한 그들의 열망의 표시였다. 그러나 제사장의 이러한 **침묵**은 회중을 대상으로 할 때는 나타나지 않았다. 회중들을 향한 제사장의 행위는 많은 찬송과 시편 낭송 그리고 축제의 소리침이 있었다.11) 거룩한 자 앞에서 제사장은 침묵 이외의 어떤 언어로도 그분의 존재를 묘사하거나 찬양할 수 없었다. 단지 그분의 그 엄청난 위엄과 거룩 앞에 서 있을 뿐이다. 침묵(absence of sound, speechless)은 말할 수 없는(ineffable) 그분의 존재 앞에서 할 수 있는 유일한 표현방식이었다.

인간의 침묵이 말하는 것들

그렇다면 인간의 침묵은 어떠한가?

첫째, 인간의 침묵은 침묵하시는 하나님에 대한 인간의 반응이다. 이 침묵은 역설적으로 소리 없는 울부짖음이요 탄식이다. 고통에 대한 수동적 수용이 아니라, 이해할 수 없는 초월자에 대한 실존적 응답이며 격렬한 저항이다. 하나님을 향한 깊은 갈망의 표현이다. 이런 점에서 볼 때 예배에서 아멘을 강요하는 것은 인간 내면의 어두움과 탄식을 드러낼 시공간을 강탈하는 것과 같다.

둘째, 인간의 침묵은 모호하게 나타나시는 하나님에 대한 인간의 반응이기도 하다. 침묵은 이 세상의 모든 사건을 인과율적으로 분명하게 해석하기 어렵다는 모호성에서 발생한다. 바람과 같은 성령, 어디서 어디로 불지 알 수 없는 그 성령의 역사 앞에서 우리는 침묵할 수밖에 없다. 그러나 여기서의 침묵은 기도를 멈추는 것과 같은 수동적 정지 상태가 아니다. 이해할 수 없는 세상 너머에 계신 초월자, 인과율로 설명되지 않는 존재에 대해 깊은 신뢰를 나타내는 방식이다.

하나님의 거룩함은 말로 다 설명할 수 없다. 그 초월의 세계, 거룩한 세계에서 오시는 하나님을 경험하는 행위가 침묵이다. 이해하기를 추구하지만 이해할 수 없을지라도 그 안에 숨겨진 섭리가 분명 있을

라 샤펠 노트르담, 프랑스 롱샹

것이라는 신뢰의 표현이 바로 침묵이다.

셋째, 인간의 침묵은 자신과 세상의 모순을 하나님의 거룩함 앞에 내려놓는 행위다. 세상에서 일어나는 일들에 대해 즉각적인 반응을 보류하고 일단 거리를 둔 채 관찰하는 것을 의미한다. 이는 하나님의 음성을 듣고자 하는 적극적인 신뢰의 행위라고도 할 수 있다. 내 존재의 밑바닥을 보는 경험이요, 더 나아가 그 실체를 하나님에게 올려 드리는 행위다. 침묵은 그 어떤 언어나 소리보다 강력하다. 영적으로 깨어 하나님께 집중하고 있는 상태다.

세상과 자신의 어두움 앞에서의 침묵

바울은 인간의 실존이 갖는 어두움을 바라보며 이렇게 탄식한다. "오호라 나는 곤고한 사람이로다. 이 사망의 몸에서 누가 나를 건져내랴." (롬 7:24)

어찌하지 못하는 인간의 한계 앞에서 말할 수 없는 고통을 경험한다. 그리고 침묵한다. 이는 인간의 능력 없음의 표현이고 하나님 앞에서 실존의 무가치성과 죄를 고백하는 것이다. 때로는 언어적 표현이 진정한 회개가 아닌 자기변명이나 기만이 될 수도 있다. 어두운 인간의 모습을 드러내는 것이 아니라 오히려 화려한 미사여구로 인간의 죄와 한계를 감추도록 할 수 있다. 언어가 현상을 드러내기보다는 오히려 감추는 역할을 하고 있는 것이다. 이 세상의 많은 언어와 정보는 세상을 정확하게 보지 못하게 하는 방해요소가 되기도 한다. 그리고 감추어진 메시지는 상업적이고 정치적 이해관계 안에 우리를 얽어매기도 한다.

말이나 언어는 매개(미디어)일 뿐이다. 철학자 하이데거가 언어는 존재의 집이라고 했을 때, 그 언어는 존재가 드러날 때의 언어이지 존재가 감추어질 때의 언어가 아니다. 그 언어는 기만적 언어가 아닌 존재가 자신을 드러내는 언어이다. 계시적 언어이고 깨달음의 언어이다. 언어적 매개는 대상을 설명하기도 하지만 동시에 제한하기도 한다. 설명은 해명인 동시에 제한이다.

인간은 허황된 말이나 소음, 어리석고 잡스러운 말을 통해 혼란을 겪거나 위기를 모면하려 한다. 한번은 지하철에서 두 아주머니가 대화하는 걸 본 적이 있다. 멀리서 봤을 땐 대화하는 줄 알았는데 가까이 가보니 각자의 말을 끊임없이 늘어놓고 있었다. 두 사람의 대화에는 아무런 연결고리가 없었다. 그저 상대방에게 독백이나 강연을 하는 것처럼 느껴졌다.

때로는 타인을 위한다고 하는 말이 자기중심적인 변명이나 자랑이 되기도 한다. 말은 의사를 표현하는 수단이지만 때로 자신의 불안을 감추는 장치로 오용될 수 있다. 자신의 존재를 증명하거나 상대와의 유대 관계를 확인하기 위한 장치로 이용되기도 한다.

따라서 우리는 말을 적게 하고 필요한 말만 하는 훈련을 해야 한다. 적절한 시기에 적절한 말을 해서 말의 가치와 말하는 자의 가치를 높이는 훈련이 필요하다. 수련회에서 하루 온종일, 적어도 반나절 동안 침묵하는 수련을 시도해 보라. 침묵해 보면 그동안 듣지 못했던 세상의 소리가 들릴 것이다. 소리가 들리는 동시에 보이지 않던 세상

생 마리 드 라 뚜레뜨 수도원, 프랑스 리옹

과 자신의 모습이 눈에 들어올 것이다.

이 세상의 근본적인 불명료성(ambiguity) 속에서 인간은 불안이나 기쁨, 슬픔과 같은 모호한 감정을 갖게 되며, 이러한 감정은 침묵으로 표현된다. 이때의 침묵은 모호하고 이중적이고 분명하지 않은 세상의 가치와 사건들 앞에서 인간 실존의 방황하는 모습을 하나님께 올려 드리는 행위다. 우리 주변에 영혼의 어두운 밤을 경험하는 사람들이 있다면 그들을 위해 기도하고 그들을 판단하지 말아야 한다. 누구나 그러한 어두운 밤을 경험할 수 있기 때문이다.

우리는 침묵을 통해 초월자의 부재와 임재를 통합하는 감각을 훈련해야 한다. 세상과 말씀을 묵상하면서 '하나님의 임재와 부재 사이의 균형'(the balance between the presence and the absence of God)을 유지하는, 감각적 훈련을 예배를 통해 이뤄야 한다. 하나님의 강한 임재는 오히려 내가 주도적으로 무언가를 하려는 마음을 내려놓을 때 경험된다. 십자가는 구원을 상상할 수 없는 저주의 시공간이었지만 기독교 복음은 바로 그 십자가로부터 들려 왔다. 하나님의 부재를 가장 강하게 경험하는 그 시간에 하나님의 함께하심을 가장 절실하게 느낀다. 생기와 진취적인 열정으로 타인을 설득하고 이끌어야 할 때가 있고, 물러서서 침묵하며 하나님의 음성을 기다려야 할 때가 있다. 이 둘은 주기적으로 인간 삶의 여정 속에서 계속 반복적으로 일어나야 한다.

6

고 통 의 탄 식 을 넘 어
- 헤더를 기억하며

헤더라는 여학생이 있었다. 예배학 수업에 조교를 하면서 학생들을 살펴보던 필자는 50대 중반쯤 된 헤더라는 신학생이 수업시간에 자주 눈물을 흘리는 것을 목격하였다. 필자가 예배와 치유에 관해 연구하고 있다는 사실을 알게 된 그 학생은 어느 날 학교식당 한구석에 앉아 자신과 자신의 아들에 대한 이야기를 풀어놓기 시작했다.

20여 년 전 아들을 임신을 했을 때 그녀는 남편과 이별하였고 조부모와 함께 아들을 키우기 시작했다. 아들 에릭은 어렸을 때 집 뒤에 있는 나무와 지붕 위에 올라가기를 좋아하는 활발한 아이였다. 고등학교를 올 A로 졸업하였고 악기 연주와 운동에 상당한 재능을 보여 버클리에 있는 캘리포니아 주립대학에 입학하게 되었다. 그해 여름에 버클리의 가난한 홈리스를 돕는 프로그램에 참여하기 시작하면서 그는 가난한 자들에게 관심을 갖게 된다. 자신이 입고 있던 옷을 종종 그들에게 나누어 주었던 에릭은 교회들을 연합해 홈리스들에게 거처를 구해 주는 일에 앞장섰다.

그러나 언제부터인지 지독한 우울증을 앓기 시작하였다. 학교를 마치고 잠시 교사로 일하기 시작하였지만 좋지 않은 기억이 반복되는 영상처럼 떠오르는 고통 때문에 결국 일을 그만두게 된다. 에릭이 병들어 가는 모습은 가족들에게도 견디기 힘든 아픔이었다. 그러던 어느 날 그는 스스로 목숨을 끊게 되었다.

이야기를 마치던 헤더의 눈에는 눈물이 가득 고여 있었다. 그녀는 자신의 아들의 장례식에 사용되었던 모든 자료를 내게 넘겨주며 이 자료로 꼭 좋은 글을 써달라고 부탁하였다. 나는 그녀가 건네 준 파일을 볼 때마다 그녀와 그 아들에게 큰 짐을 지고 있는 듯하다. 그는 죽어 이 세상에 없지만 그의 삶과 죽음 그로 인한 그 가족의 고통과 소망은 나의 손에 의해서 예배에서의 치유라는 글로 세상에 다시 기억되어야 하는 것이다.

어거스틴은 《고백록》 제10권에서 이렇게 질문한다. "주님 나의 기억 어느 곳에 당신이 거하십니까?" 주님이 인간의 기억 속에 거한다는 것이다. 기억한다는 것은 단순히 과거에 대한 기억이 아니고 그 기억이 고통스러운 것이든 즐거운 것이든 이것은 그 기억 자체에서 주어질 수 없는 초월자를 향해 올라가는 계단과 같은 것이다. 어거스틴은 인간의 내적인 기억이 어떻게 하나님에게로 향하는지 자전적으로 보여준다.

특별히 우리는 예배를 통해 구속적인 기억으로 들어가게 된다. 예

스코그스키르코가르덴 묘지공원, 스웨덴 스톡홀름

배란 하나님이 계시지 않은 것처럼 느껴지는 순간에도 그가 현존하심을 깊이 확신하고 신뢰하는 것이다. 고통의 울부짖음과 고난의 경험이 찬양과 함께 하나님께 드려지는 것이 예배이다. 예배자가 아무리 수치스럽고 고통스러워도 치유하고 구원하시는 하나님을 바라고 희망을 갖는 것이 예배이다. 이러한 예배를 통해 인류를 위해 하신 하나님의 행위에 동참하게 되는 것이고 나아가 우리의 삶이 하나님의 구속사의 부분이 되어 가는 것이다.

유가족에게는 여러 감정이 교차되어 존재한다. 죽은 자의 고통에 함께하지 못했음에 대한 후회와 미안함, 그리고 책임감과 서로에 대한 원망이 존재한다. 예배는 이러한 인간의 복잡한 감정이 그대로 공동체와 하나님 앞에 드러나는 시간이다. 죽음에는 여러 가지 요인이 있으나 개인적 고통은 반드시 사회적이고 집단적 원인과 긴밀하게 연결되어 있기에 한 인간의 죽음에 대한 연대 책임과 복합적 감정이 예배 안에 드러나는 것이 필요하다.

죽음을 기억하며 드리는 예배는 인간의 한계와 하나님의 초월성을 동시에 경험하는 공간이고 나아가 종말론적 희망을 말하는 시간이다. 죽음 너머에 계신 부활하신 그리스도에 대한 소망과 죽음을 이기고 승천하셔서 모든 이 세상의 피조물을 품으시는 그분의 사랑과 위로를 희망 속에서 경험하는 공간이다. 사랑하는 자가 죽었다고 하는 극단적 슬픔 속에서 한 사람이 차지하고 있던 그 육체적·감각적·사회적 빈 공간을 함께 나누며 그 육체적 부재는 인간의 기억 속에서 살아있게 된다. 우리가 보고 만지고 느끼고 살아가는 이 물질적 세계 속에서 한 사람의 부재가 오히려 더 큰 초월적 경험으로 예배의 참여자들을 이끌어 가는 것이다.

그 육체적 부재가 주는 슬픔의 양보다 부활에 대한 소망과 죽은 자가 이루고자 했던 꿈과 비전이 예배를 통해 강화된다. 그리고 이 삶 자체가 모호함과 불분명함으로 가득 차 있음을 말해 준다. 이해할 수 없고 모호한 현실의 고통 속에서 죽음을 선택한 자들의 판단과 행위를 정죄하기보다는 그들이 경험했던 고통을 공동체의 고난과 공동체의 문제로 인식할 필요가 있다.

이런 면에서 예배는 지극히 개인적이면서 철저히 공동체적 성격을 갖고 있다. 초대 교회의 중보기도는 이 세상을 하나님께 올려 드리는 기도였다. 그들은 우리가 살아가는 세상과 교회 그리고 질병으로 고통당하는 개인을 위해 기도했다. 만약 이러한 초대 교회의 중보기도 전통이 우리의 공중예배에서 진실하게 드려졌다고 한다면, 그래서 죽은 자들이 그들의 삶의 고통을 충분히 공동체와 초월자 앞에서 드러내 보일 수 있는 그런 공간과 시간을 가졌다면 그러한 극단적 선택이 일어나지 않을 수도 있다.

굳이 초대 교부들의 신학이나 정교회의 신학을 빌리지 않더라도 초대 교회는 이 세상을 그리스도의 몸으로 이해했고 세상은 그리스도 그의 넓은 팔로 안으시는 사랑과 구원의 대상이었다. 세상은 하나님의 피조물이고 하나님의 생명이다. 그 세상의 한 지체가 당하는 고통을 그 몸이 모를 수 없고 그 몸은 그 지체의 고통에 연대책임이 있는 것이다. 동시에 한 지체의 죽음을 그리스도의 부활에서 조명하며 희망을 말할 수 있어야 하는 것이다.

장례식장, 오스트리아 린츠

죽음은 개인의 위기를 넘어서는 공동체의 위기이다. 이 위기는 해체적 경험이기도 하지만 동시에 공동체가 강화되고 재형성되는 계기가 되기도 한다. 해체적 경험은 개인의 죽음을 둘러싼 가족들과 지인들 사이에 죽음에 대한 원인을 서로에게 전가할 때 주로 발생한다. 반면에 공동체가 강화되는 경험은 한 개인의 죽음으로 인해 공동체가 함께 슬퍼하고 고통을 나누는 과정에서 공동체의 소중함을 발견하고 공동체 내에서 개인의 정체성과 공동체 자체의 정체성을 재확인할 때 나타난다.

의례와 내러티브

타인의 죽음을 이해하기 위해서는 죽은 자 자신의 이야기와 죽은 자를 기억하는 산 자들의 이야기와 증언이 중요하다. 이러한 이야기와 증언은 죽은 자와 산 자가 공동으로 기억이라는 공간에서 만나고 대화하는 것이다. 그 기억이라는 공간은 죽음과 삶이 대화하는 곳이고 이 세상을 초월할 수 있는 공간이다.

여기서 이야기는 본질적으로 개인적 사건이 아니라 집단적인 사건으로 인식된다. 이야기를 통해 말하는 자와 듣는 자 사이에 감정을 통한 공감대가 형성된다. 그 이야기는 죽음을 둘러싼 한 인물과 그에 대한 이야기의 구성 그리고 여러 가지 사건의 배경을 통해 이루어진다. 개인적 경험이 갖고 있는 이야기 구조는 개인의 영역을 넘어서는 집단적 구조를 갖는다. 이런 맥락에서 데이비드 카(David Carr)는 모든 주체성(subjectivity)은 본질적으로 간주체성(inter-subjectivity)이라고 주장한다.12) 특별히 장례 예배라는 독특한 상황에서 감정이 발산되고 그러한 감정의 발산은 죽음이라고 하는 초월적 영역에서 공동적으로 경험된다. 감정은 개인의 내면적 표출에서 비롯되나 집단적으로 파급되는 효과를 동반하며 점차적으로 공동의 경험으로 형성되고 축적되어 간다.

장례는 사랑하는 가족의 죽음이라는 현실을 재해석하고 나아가 죽음을 통한 초월적 세계와 현실의 만남을 가능케 하며, 결과적으로 이러한 만남은 새롭게 변화된 현실에 역방향으로 영향을 주게 된다. 특별히 죽음이라는 비극 속에서 우리는 인간의 고통을 지시는 하나님 자신이 인간과 함께 탄식하고 계심을 경험하게 된다. 이때 한 개인과 공동체의 고통이라는 내러티브는 구원의 내러티브 안에 스며들며 그 안으로 승화된다. 나아가 하나님의 자비와 긍휼을 구하며 믿는 자들에게 부활과 희망의 근거가 되는 하나님의 구원에 의지하게 한다.

가장 깊은 고통 가운데 있는 자가 드리는 예배가 가장 거룩할 수 있는 이유는 그리스도 자신이 인간의 증오와 고통 가운데에서 자신의 성육신과 십자가의 사랑을 보여주셨기 때문이다. 이때 우리는 예배 안에서 인간의 불확실성과 고통, 죽음에 대한 두려움에 맞서며 성령의 변화시키는 힘에 의지하게 되는 것이다.

장례예식에서의 감정

유가족들이 함께 예배를 드릴 때 하나님에 대한 다양한 반응으로 나타나기도 한다. 의심과 신뢰 또는 저항과 찬양이라는 이중적 감정이 드러난다. 그러나 그들은 비극적 사건 이후, 예배 안에서 하나님에 대하여 반응할 수 있는 공간을 확보하게 된다. 이때 희망과 상실의 감정이 공존하는 것을 경험하며, 세상의 양면적 가치들이 혼돈스럽고 정리되지 않은 상태로 파편적으로 존재하고 있는 것을 느끼게 된다. 그 양면적 가치들은 추함과 아름다움, 두려움과 기쁨, 어둠과 빛, 절망과 소망, 슬픔과 환희 등이다. 장례라는 예식은 이러한 양면성을 결합시킨다. 그 과정에서 인간의 추함과 어두운 면이 드러나기도 하며, 인간 삶의 전모가 음성적 언어와 비음성적 언어에 실려서 의례에 역동성을 갖게 한다.

죽은 자와 관련된 기억하고 싶은 일과 잊고 싶은 이야기들, 때로는 아름답고 때로는 추한 이야기들이 언어와 침묵 속에 교감한다. 이때, 의례는 그 자체로 어떤 하나의 목표를 지향하는 것을 넘어선다. 의례가 종교적 교리를 전파하는 도구로 제한될 수도 없고 치유라고 하는 의례의 특정 기능이 강조될 필요도 없다. 참여자들은 의례를 통해 죽은 자와 교감하며, 남은 감정을 표현하고 절망하고 아파할 수 있는 기회를 갖는다. 죽은 자와 산 자가 교감하려고 주어진 공간은 죽음과 삶에 대한 생각, 각자의 삶 속에서 잊혔던 가치들, 생의 목표와 가치 등이 점검되기도 한다. 마치 한 사람의 죽음은 참여자들의 다양한 삶의 여정 속에서 경험하고 있는 다양한 사건들의 교차로와도

장례식장, 오스트리아 린즈

같다. 그 교차로는 한 사람의 죽음과 대면하며 모두에게 각자의 삶과 각자가 소속된 공동체를 돌아보는 계기와 공간이 된다.

전통적으로 의례는 어떤 선행된 제도나 역사에 의해 권위를 부여받아 구성된 일련의 행위라고 여겨졌다. 하지만 의례 행동은 상황에 의해 의미가 주어지고 형성된다. 상황이 갖는 문화적 민감성과 심미적 경험, 참여자들의 관계가 만들어내는 분위기는 의례에 역동성을 형성하는 요소들이다. 이러한 요소들은 각각의 의례에 독특한 감성을 형성하고 그 감성에 의해서 의례가 효과를 갖게 된다. 가족의 죽음이라고 하는 공동체의 위기 경험에서 한 생명이 더 이상 세상에 존재하지 않는다는 것을 인정하고 받아들이는 것으로 이어질 때 장례 의례는 효과를 갖기 시작한다. 의례는 의식과 가치관을 전달하고 표현하는 명백한 전달체계라기보다는 애매하고 모호한 행동과 감정의 표출에 의해 창출된다고 할 수 있다.

장례식이나 죽음을 연구하는 학자들은 빅터 터너의 이론을 방법론으로 애용해 왔다. 빅터 터너는 그의 책, 《의례의 과정》(*Ritual Process*)에서 의례를 개인과 조직을 연결해 주는 연합 또는 상호 영향을 미치는 역동성 안에서 이해하려고 한다. 그는 의례를 분리(separation) - 경계선(liminality) - 재통합(reintegration)의 세 단계로 구분한다. 의례를 통해 개인은 중간 단계로서 '리미널리티'라는 이도저도 아닌 정체성이 없는 단계를 거쳐 새로운 정체성을 부여하는 공동체 안으로 편입된다. 터너에 따르면 이러한 단계를 통해서 의례는 사회문화적 가치관을 개인의 정체성으로 통합하는 기능을 갖는다. 장례식을 비롯한 성인 의식, 결혼식, 세례식, 입단식 등의 통과 의례는 사회적 가치와 가치관을 개인에게 전수하며 내면화되는 의식이다.

　의례에 대한 이러한 견해는 의례적 행위와 사건을 지나치게 규범적인 범주로 환원한다는 비판의 소지가 있다. 물론 의례적 행위들은 문화에 의해 학습되고 계획된 요소들이 있지만 그러한 해석의 틀만으로는 참여자의 내면에 일어나는 복잡한 역동성을 이해하고 설명하기에는 충분하지 않다. 예를 들면 방안에 있는 창틀이 아름답다면 인간은 창밖의 세상을 아름답고 균형 잡힌 것으로 보려는 경향이 있다. 마찬가지로 현상을 설명하고자 하는 이론적 틀이 거대하고 강할수록 사물이나 현상이 지니고 있는 구체적이고 엄밀함을 놓치기 쉽다. 장례식을 이해하는 데에도 문화나 전통의 전수를 통한 사회통합의 기능만을 강조한다면, 참여하는 유가족들이나 친지들이 경험하는 슬픔과 후회, 비통함과 좌절이라는 감정의 깊이는 사라져 버린다. 결과적으로, 문화나 전통의 가치 전수 이외의 요소들은 모두 무차별적 혼돈으로 이해될 수 있다. 미국의 문화인류학자인 레나토 로살도(Renato Rosaldo)는 그의 저서 《문화와 진리》에서 이와 유사한 주장을 한다.

> 질서와 혼돈 사이의 이분법을 넘어서서 아직 별로 탐구 되지 않은 〈비질서(non-order)〉의 영역으로 나아가야 한다. … 비질서에 초점을 맞추면 우리는 사람들의 행동이 의도하지도 예측하지도 못했던 방식으로 그들의 존재조건을 변화시키는지에 관심을 갖게 되고 사회분석은 즉흥성, 그럭저럭 해나가기 그리고 우연적 사건들에 주목하게 된다. … 왜냐하면 사람들은 언제나 자신의 욕망, 계획, 변덕, 전략, 기분, 목표, 환상, 의도, 충동, 목적, 전망, 혹은 충동적 감정에 따라 행동하기 때문이다.13)

참여한 유가족들의 감정이 상당히 격한 상태에 놓여 있을 수 있는 장례와 같은 의례를 이해하기 위해서는 로살도가 주장하는 비질서의 측면에 주목할 필요가 있다. 인간의 행위나 사고가 의지나 이성으로 통제하지 못하는 분노, 후회, 절망의 충동적 감정에 따라서 나타나는 경우가 많기 때문이다.

장례 예식은 복잡한 인간의 행동과 인간 표현의 복잡한 차원을 내포한다. 하나님의 임재와 부재를 동시에 경험하는 이중성과 모호함 속에서 우리가 살고 있는 세계를 넘어서고자 하는 종말론적 희망을 갖게 된다. 의례 안에서의 움직임, 소리, 동작, 말, 음악, 사물, 시간, 공간, 빛, 색과 같은 비음성적 요소들이 그 차원들을 표현하고 나아가 인간의 이성 너머의 초월성을 지향하게 해준다. 이러한 의례의 비음성적 요소들은 장례라는 한정된 공간에서 다양한 방식으로 초월자와 만남을 가능하게 할 뿐 아니라 참여자들을 하나의 공동체로 묶어낸다. 음악을 비롯한 미적인 표현과 행위들은 청각과 시각, 후각을 비롯한 육체의 감각을 통해 독특한 분위기와 정서를 형성한다.

7

성 찬

- 살과 피를 먹고 마시다

몇 해 전에 《먹고 기도하고 사랑하라》라는 책이 출판되고 곧이어 영화로 상영된 적이 있다. 이 영화의 주인공은 화려한 커리어를 가진 성공한 여성으로 멋진 저택과 남편, 파티와 쇼핑을 즐기는 삶을 살아간다. 그러던 어느 날, 자신이 원하던 모든 것을 소유하고도 자신의 삶이 행복하지 않다는 것을 깨닫는다. 그녀의 내면은 이건 내가 진정 원하는 삶이 아니라고 외치게 된다. 결국 심각한 우울증과 혹독한 이혼 과정을 거치며 한밤중에 욕실 바닥에서 절망의 나락을 경험한다. 그녀는 타인이 추구하는 이상적인 삶이 아닌 자신이 진정 누구이고 진정으로 원하는 것이 무엇인지 생각할 시간과 공간을 갖고자 여행을 떠난다. 여행에서 그녀는 뼈아프도록 진실한 내면의 고통과 은밀한 기쁨을 하나하나 고백하게 된다. 특히 그녀는 일상의 작은 사건들과 만나는 사람들 그리고 음식을 통해 소박한 기쁨을 깨닫는다.

필자는 이 영화를 보며 아름답고 솔직하고 소박한 기쁨에서 자유

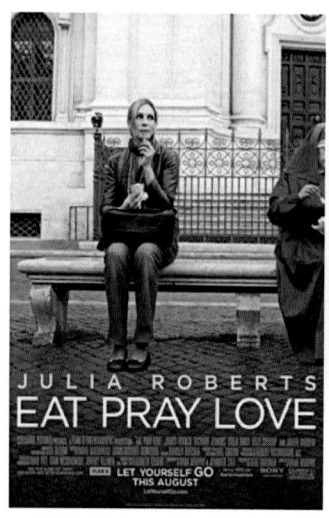

를 경험하는 주인공의 내면 묘사에 감동을 받았던 기억이 있다. 그리고 이 영화의 제목에 대해 생각하게 되었다. "먹고 기도하고 사랑하라". 아마도 이 세 가지 동사는 인간이 평생 살아가며 추구하는 가장 원초적인 욕망이 아닐까? 인간은 누구나 먹어야 살 수 있고 또 사랑하고 사랑받기를 원한다. 그러나 먹는 것과 인간의 사랑으로도 채워지지 않는 공허한 내면적 공간이 있다. 이 공간은 우리를 기도하도록 이끌어 가는 인간의 영적인 공간이다.

하지만 인간의 영적인 욕망은 육체적 욕망이나 관계적 욕망과 결코 분리되지 않는다. 먹는 것과 사랑하는 것은 기도하는 삶과 밀접한 관련이 있다. 기독교 신학은 사실 육체와 물질의 영역을 영적인 영역에서 배제하려는 잘못된 시도를 해왔다. 이는 육과 영을 차등적으로 구분하는 희랍사상에서 비롯된 것이지 결코 히브리적 사유 방식은 아닙니다.

독일의 유물론 철학자였던 포이에르바하는 "인간은 그가 먹는 것이다!"(Man is what he eats!)라고 주장했다. 포이에르바하는 유물론적 인간관, 즉 가장 고등한 인간조차도 경제나 물질적 하부구조에 의해 결정되는 존재라는 것을 말하려고 했다. 그런데 정교회 신학자인 알렉산더 슈메만(Alexander Schmemann)은 자신의 책《세상에 생명을 주는 예배》(*For the Life of the World: sacraments and orthodoxy*) 첫 장에서 기독교의 성찬을 설명하기 위해 이 문장을 인용한다. "인간은 그가 먹는 것이다." 인간이 먹는 것이 인간을 규정한다. 내가 어떤 공간에서 어떤 음식을 먹는지가 나의 존재를 형성하는 것이다.

우리는 성찬을 통해 주님의 몸과 피를 먹고 마신다. 떡과 포도주가 내 입으로 들어가 내 몸속에서 분해되고 나의 살이 되고 피가 된다. 나는 그리스도의 몸과 피를 먹고 마심으로 그리스도인이 되어 간다. 성찬을 통해 나는 그분이 말하는 것처럼 말하고, 느끼고, 만지고, 세상을 보고, 사람들의 말과 소리를 듣기를 원한다. 그분을 먹고 마시며 우리는 그분을 닮게 되고(*Imitatio Christi*) 이는 곧 성화(Sanctification)로 이어진다. 이 변화는 존재론적 변화일 뿐 아니라 삶의 변화이고 일상생활의 변화이다. 이는 추상적 신학이 아니라 예배 가운데 특히 성찬 가운데 실제로 일어나는 경험적인 현상이다. 그리스도의 몸의 신비적 차원은 우리의 인식과 육체 안에서 활동하고 현재화된다. 그분의 삶과 죽음과 부활 이야기는 성찬을 통해 우리의 몸에 각인된다.

⟨The savior⟩ (Quirizio da Murano, 1460-1478). 그리스도가 그의 옆구리의 상처를 들어 올리고 있다. 특이하게도 상처는 가슴 가까이에 있다. 오른손으로는 성찬 전병을 건네는데 그 성찬 전병은 그의 상처에서 방금 나온 것이다. 중세 특유의 이미지로서 그리스도가 여성을 먹이는 장면이며 상당히 여성적 이미지이다.

    고린도전서 10장에서 바울은 "우리가 축복하는바 축복의 잔은 그리스도의 피에 참예함이 아니며 우리가 떼는 떡은 그리스도의 몸에 참예함이 아니냐. 떡이 하나요 많은 우리가 한 몸이니 이는 우리가 다 한 떡에 참예함이라"라고 주장한다.
    성경에는 음식과 관련된 이야기가 아주 다양하게 등장한다. 주님은 공생애를 시작하시기 전 40일간의 금식으로 극심한 육체의 한계를 경험하며 육체와 물질을 넘어서는 복음의 능력과 가치를 입증하신다. 그러나 복음서에 첫 번째 기적으로 기록되어 있는 가나의 혼인잔치에서는 어머니 마리아의 요청으로 물을 포도주로 만드신다. 음식을 지독히 절제하거나 음식을 풍성히 마련하여 함께 먹는 '금식과 축제'(fast and feast)의 전통은 기독교의 복음을 이해하는 매우 중요한 경험이고 상징이다. 다음의 시는 브라질의 가난한 지역의 한 여인이 쓴 것이다. 이 시는 음식과 하나님의 나라가 어떻게 연결되는지를 잘 보여준다.

오십시오.
우리 함께 주님의 식탁을 나눕시다.
함께 큰 빵을 만들어 봅시다.
그리고 가나의 혼인잔치처럼 풍성한 포도주를 가져옵시다.

여자들은 소금을 잊지 말고 남자들은 효모를 가져옵시다.
많은 손님을 초대합시다.

빨리 오십시오.
주님의 레시피를 따라해 봅시다.
모두 함께 우리의 손으로 빵반죽을 만듭시다.
그 빵이 부풀어 오르는 것을 기쁨으로 바라봅시다.

왜냐하면 오늘은
주님과의 만남을
축하하는 날이기 때문입니다.

오늘 우리는 하나님 나라에 대한
우리의 헌신을 새롭게 하는 날입니다.
오늘 우리는 아무도 굶주리지 않을 것입니다.

Come on.
Let us celebrate the supper of the Lord
Let us make a huge loaf of bread
And Let us bring abundant wine like at the Cana

Let the women not forget the salt
Let the men bring along yeast
Let many guest come

Come quickly
Let us follow the recipe of the Lord
All of us, let us knead the dough together
with our hands
Let us see with joy
How the bread grows

Because today
We celebrate
The meeting with the Lord

Today we renew the commitment

to the Kingdom

Nobody will stay hungry

— Written by a Brazilian Woman

　이 시에서 굶주림의 고통을 기억하는 가난한 여인이 주의 만찬을 풍성한 음식을 나누는 즐겁고 행복한 축제로 그리고 있다. 이 시는 거룩하고 엄숙한 분위기의 성찬보다는 성찬을 나누는 공동체의 활기차고 살아 있는 모습을 묘사하고 있다. 그러한 생생한 묘사의 마지막에 그녀는 이렇게 말한다. "오늘 우리는 아무도 굶주리지 않을 것입니다." 이 시의 이 마지막 문장은 성찬의 의미를 상징적이고 추상적으로 이해했던 필자의 눈에 눈물을 고이게 하고 뼈아픈 회개를 경험하게 한 부분이다. 또한 이 시는 굶주림의 고통 속에 살아가는 수많은 이들의 고통을 기억하는 초대 교회 성찬공동체의 중보기도를 떠올리게 한다.

　이렇듯 성찬은 예수 그리스도의 성육신한 삶과 온 세상을 향한 하나님의 신실한 약속에 기초하며 앞으로 올 영광을 미리 맛보는 것이다. 그 성찬은 하나님이 우리의 모든 것을 감싸 안으시는 예배 안에서 불확실성과 고통, 그리고 죽음과 대면하게 한다. 이는 하나님의 나라를 미리 맛보는 살아 있는 기억의 행위(anamnesis)이며 성찬 속에서 우리는 인간들의 고통을 예수의 고통 앞으로 가져오는 것이다.

성찬의 기원과 역사

초대 교회 성도들은 모여서 사도들의 말씀을 듣고 떡을 떼며 세상을 섬기기 위해 다시 세상으로 돌아가는 예배를 드렸다. 주목할 점은 그들은 아픈 자들에게 그 성찬을 나누며 가난한 자들을 구제하는 나눔의 미덕을 갖고 있었다. 성찬은 거룩한 자들의 엄숙한 행위를 넘어서는, 이 세상을 구원하고 치유하시는 그리스도의 자기 주심의 상징이며 나눔이고 축제이다. 성찬을 나누는 것은 세상을 위해 자기 자신을 주신 그리스도의 몸과 피를 먹고 마시며 세상을 위해 다시 우리의 몸을 드리는(sacrifice) 행위이다. 초대 교회 공동체의 성찬은 영의 양식인 동시에 공동체에서 소외된 자들 그리고 가난한 자들에게 나누어지는 육의 양식이기도 했다.

사실 이러한 축제와 같은 만찬의 이미지는 후기 유대교의 거룩한 만찬, 즉 마지막 날 하나님의 나라에서 있을 대연회의 이미지와 연결되어 있다. 이러한 유대교의 종말론적 이미지는 예수님의 사역과 가르침에서도 계속된다. 오천 명의 군중을 먹이시는 기적은 미래의 메시아적 연회의 상징적 기대이면서 동시에 굶주린 육신과 영혼을 채우시는 하나님 나라의 거룩한 잔치이다.

유대인들의 만찬은 식사 예절에 일곱 가지 패턴을 갖고 있었다. 1) 빵을 두 손에 들고서, 2) 짧게 축복하고, 3) 빵을 자른다, 4) 빵을 참석한 사람들과 나눈다, 5) 포도주 잔을 두 손에 들고, 6) 잔을 위해 좀 더 긴 축복을 하며, 7) 참석한 사람들과 나눈다. 이러한 순서에 따라 행해지던 유대인들의 식사에서 외우던 기도문은 베라카(Berakah, domestic blessing) 또는 베라카 하마존(Birkath ha-mazon, blessing over the food)이라고 부르며 이 기도문은 기독교 성찬감사기도문의 원형이 된다. 이 기도문에서 하나님을 다음과 같은 세 가지 이유로 송축하는데 1) 세상을 창조하심으로, 2) 인간에게 음식을 주심으로, 3) 예루살렘의 회복을 위해서이다. 이 기도문에는 다음과 같은 내용이 포함되어 있다.

우리의 하나님 그리고 우리 아버지의 하나님, 우리의 조상들과, 메시아와 예루살렘과 당신의 모든 백성을 기억하여 주십시오. 하나님, 당신은 예루살렘을 회복시키심으로 복을 받기에 합당합니다.

베라카 하마존이라는 유대 기도문에서 하나님이 메시아를 기억하고 모든 이스라엘의 백성을 기억하도록 요청한다. 유대인들이 과거를 기억하는 것은 단순한 과거에 대한 향수가 아니라 과거의 구원사건을 환기시킴으로써 오늘날에도 같은 방식으로 이스라엘을 구원해 달라는 요청의 의미가 있다. 과거에 이스라엘을 구원했던 하나님께서 이 시간 우리에게 오셔서 우리의 고통을 들으시고 이 현실에서 구원해 달라고 하는 간절한 요청이며 기원이기도 하다.

이러한 유대의 식사 예절과 기도문은 예수의 제자들과의 최후 만찬을 통해 재현되는 동시에 새로운 의미를 갖게 된다. 예수는 유대교의 식사 예절을 행하지만 하나님의 구원의 이야기가 아닌 "이를 행할 때마다 나를 기억하라"고 제자들에게 말씀하셨다. 이는 "오래된 예전이지만 새로운 의미"(Old Ritual, New Meaning)를 갖게 되는 매우 중요한 사건이고 이후 이천 년 동안 성찬은 말씀과 함께 기독교 예전의 핵심을 이루게 된다. 예수께서 말씀하신 "나를 기억하며 이것을 행하라"(고전 11:24-5)는 의미는 유대교의 식사 기도문인 베라카를 통해서 보았을 때 두 가지 의미를 갖는다. 1) 내가 주님을 기억하기 위해 이것을 행한다. 2) 내가 주님의 구원하시는 은총의 기억 안에 있음을 깨닫는다. 이 둘의 의미는 이중적이지만 서로 연결되어 있다.

계몽주의의 후손인 오늘의 개신교인들은 내가 주체가 되어 주님을 기억하는 것에 익숙하지만 주님의 기억 안에 내가 있다는 사실에는 익숙하지 않다. 주님의 기억 안에 내가 있다는 것을 깨닫는 게 성찬이라면 성찬의 예전은 지극히 수동적 사건이기도 하다. 내가 주님을 기억하고 이 성찬을 행하지만 사실 성찬의 주체는 예수 그리스도

자신이시고 그분의 자기 주심의 사건이 성찬이기 때문이다. 그 자기 주심의 사건 안에 그리고 주님의 기억 안에, 나와 성찬의 공동체인 교회가 자리하고 있는 것이다. 이러한 이중적 기억은 서로 얽혀 있고 보완적이다. 이제 성찬의 의미를 살펴보고 한국 개신교를 위해 성찬이 포함된 예배 순서를 제시하고자 한다.

성찬의 의미

성찬의 신학적 의미에 대해서 그동안 다양한 전통과 교리의 차이로 논란이 많았다. 이에 세계교회협의회의 '신앙과 직제 위원회'는 오랜 기간의 교회 일치를 위한 연구 끝에 1982년 《세례, 성찬, 교역》이라는 책자를 내놓음으로써 성례전의 신학적 의미를 공동으로 고백할 수 있는 기초를 마련하였다. 이 문서에 따르면 성찬에는 다음의 다섯 가지 의미가 포함된다.

1. 성부 하나님에 대한 감사

성찬을 보통 '유카리스트'(Eucharist)라고 하는데, 이 말은 '감사'를 뜻하는 것으로 초대 교회는 주님의 만찬을 대할 때마다 하나님의 은총에 감사와 찬양을 드렸다. 사람과 세상을 창조하시고, 세상 만물을 주관하시며, 예수 그리스도를 통하여 세상을 구원하신 하나님의 은혜를 고백하며 감사하는 마음으로 참여하는 것이 성찬이다. 성찬은 우리를 위해 성부 하나님이 베푸신 일에 대하여 감사하는 성례전이다.

2. 그리스도에 대한 기념

성찬은 십자가에 달리시고 부활하신 그리스도를 기억하는 것이다. 여기서 기억을 의미하는 '아남네시스'(Anamnesis)는 과거의 어떤 일을 회상하는 것 이상으로, "과거의 사건을 하나님 앞에서 재현함으로써 그 사건이 지금 여기에서 효력을 발하게 하는 것"을 의미한다.

여기서 기념의 의미는 예배 가운데 성찬을 행할 때 하나님의 역사하심이 현재적인 효용을 발휘한다는 것을 말한다. 그런데 한국 교회는 성찬을 행할 때에 주로 그의 죽으심과 희생만을 강조하기에 장례식같이 무거운 분위기로 진행된다. 분명한 것은 성찬이란 죽은 과거의 인물을 기억하는 추도식이 아니라, 부활하셔서 오늘날 우리를 위해 식탁을 베푸시는 메시아를 기억하는 잔치이다.

3. 성령의 임재

성찬에서 그리스도의 임재를 가능케 하는 것이 성령의 능력이다. 성령은 성찬에서 하나님의 사랑을 깨닫게 하고 십자가에서 죽으시고 부활하신 그리스도를 임하게 하고 성찬 제정에 포함된 모든 약속을 성취시키는 분이다. 성찬은 성령의 역사하심에 의존하고 있기 때문에 성령 임재 기도의 성격을 지닌다. 그래서 초대 교회 이후 성찬 예전에서 성령을 초청하는 기도(Epiclesis)는 중요한 위치를 차지해 왔다. 이 기도는 빵과 포도주와 성찬을 받는 회중 안에 성령이 임재하기를 기원하는 기도였다.

4. 성도의 교제

한 장소에서 하나의 빵과 공동의 잔을 나눈다는 것은 참여하는 자들이 그리스도와 하나 됨을 의미하며 그러한 효과를 갖는다. 즉 성찬의 본질은 그리스도의 살과 피를 받아 지체를 이룬 무리들이 한 믿음 안에서 삶의 내용과 방향을 같이하는 것이다. 성찬의 또 다른 명칭인 '커뮤니온'은 바로 이런 성도의 교제를 의미하며 그리스도 안에서 한 몸임을 강조하는 것이다. 따라서 성찬 예식은 삶의 모든 양상을 포괄하며 모든 사람과의 화해와 자발적인 참여를 요청한다.

5. 하나님 나라의 식사

마지막으로 성찬은 하나님께 감사드리는 축제이다. 즉 그리스도 안에서 하나님 나라가 도래함을 축하하고 예상하는 축제이다. 이미 실현된 하나님 나라와 장차 올 하나님 나라에 대한 비전을 열어 주고 하나님이 통치하시는 나라의 잔치를 미리 경험케 하는 식사이다. 성찬은 종말의 기쁨과 영광 중에서 함께 나누는 메시아적 향연이다.

정리하면, 성찬에서 우리는 인류의 구속을 이루신 하나님께 감사와 찬양을 드리고(Eucharistia), 그리스도의 화목제물 되심과 십자가의 정신을 기어하며(Anamnesis), 성령의 임재를 기도하며(Epiclesis), 예배를 통해서 하나님과 이웃, 더 나아가 모든 피조물과 연대하는 교제를 나누고(Koinonia), 하나님의 나라의 축복과 은총을 미리 맛보고 누리는 종말론적 식사(Anticipation)를 한다.

한국 교회 성찬 예식을 위한 제언

1. 기독교 예배는 그 초기부터 '말씀의 예전'과 '성찬의 예전'이 균형을 이루고 있었다. 초대 교회부터 주의 날에 지켜졌던 성만찬은 기독교 예배의 중심이었다. 주후 2세기경에 초대 교회 교부 저스틴에 따르면 주의 날에 그리스도인들은 모일 때마다 성찬을 지켰다고 한다. 그러나 중세를 지나면서 기독교 예전은 성찬 중심으로 근대 이후의 개혁 교회는 복음을 선포하는 설교 중심으로 기울게 된다. 초기 기독교와 마찬가지로 성찬은 사실 16세기 종교 개혁자들에게도 관심의 대상이었다. 종교 개혁자들도 참다운 교회는 말씀이 바르게 선포되고, 성례전이 올바르게 집행되어야 한다고 생각했다. 20세기에 이르러 예배 갱신 운동이 일어나면서 종교 개혁자들이 초대 교회의 원형을 회복하고자 노력했음을 다시 깨닫고, 오늘의 신학자들과 교회들은 이 둘의 조화와 균형에 관심과 노력을 기울이고 있다.

사실 설교와 성찬은 예배의 분절된 개체가 아니라 하나님의 복음 선포로 이해되고 실천되어야 한다. 그런데 불행히도 예배 개혁에 있어서 지나치게 과격했던 츠빙글리의 영향으로 한국 교회는 그동안 성찬을 배제하거나 1년에 네 차례 정도만 드려 왔다. 이제 한국 교회는 성찬을 말씀의 예전과 균형을 이루어야 한다. 교회 형편과 변화의 속도에 따라 횟수는 달라질 수 있지만 적어도 한 달에 한 번은 성찬을 드릴 것을 제안한다. 최근에 성찬을 매주 드리고 있는 교회가 늘어나고 있는 상황은 매우 고무적이다.

성 닛사의 그레고리 성공회 교회 성찬 예식, 미국 샌프란시스코

2. 성찬은 몸으로 이 세상에 오신 주님의 삶과 죽음과 부활의 이야기를 기억하고 재현하는 것이다. 우리는 성찬을 통해 주님이 보시고 경험했던 세상을 우리의 감각으로 경험하게 된다. 성찬을 통해서 인간은 모든 감각을 열어 하나님을 바라보게 된다. 따라서 가능하면 몸을 많이 움직일 것을 제안하고 싶다. 자리에 앉아서 수동적으로 작은 전병 조각을 녹여 먹는 것이 아니라 자리에서 일어나 앞으로 나와 주님의 몸을 직접 받고 먹으며 그의 피를 마시며 그분의 삶과 죽음과 부활의 이야기가 우리 삶의 이야기 안으로 스며드는 것을 경험해 보라. 성찬을 통해 하나의 빵을 나누고 서로 연결된 한 몸을 이뤄 가는 것, 이것이 바로 성찬의 신비이기 때문이다. 빵은 가능하면 우리가 일상적으로 먹는 빵을 사용할 것을 제안한다. 단 부스러기가 떨어지지 않

고 삼키기에 부담이 없는 동그랗게 만든 빵이 적당하다.

3. 성찬에서의 움직임, 소리, 동작, 말, 음악, 사물, 시간, 공간, 빛, 색과 같은 비음성적 요소들이 그 차원들을 표현하고 나아가 인간의 이성 너머의 초월성을 지향하게 해준다. 이러한 성찬의 요소들은 한정된 공간에서 다양한 방식으로 초월자와의 만남을 가능하게 할 뿐 아니라 참여자들을 하나의 공동체로 묶어 준다. 성찬은 예배의 일부분을 담당하는 기능적 존재가 아니라 하나님의 임재와 기독교 공동체의 내러티브를 담고 있는 중요한 상징으로서, 살아 있는 '행위'(performance)인 것이다. 따라서 음악을 비롯한 미적인 표현과 행위들, 청각과 시각과 후각을 비롯한 육체의 감각을 통해 예민하게 성찬의 분위기와 정서를 형성하도록 각 교회에 알맞은 노력을 기울여야 한다.

4. 정확한 연대를 추정하기는 어렵지만 3, 4세기 이후로 식사가 사라지기 시작하면서 성찬의 예전은 다른 방향으로 나가기 시작한다. 디다케는 교회의 윤리와 예전, 그리고 훈련을 담고 있는 1세기 중반에 쓰인 최초의 문서이다. 이미 이 시대에 아가페 식사가 사라졌는지에 대한 학자들의 동의가 이루어지지 않지만 디다케 9장과 10장을 살펴보면 그 시대의 예전에 아가페 식사의 흔적이 상당히 남아 있다.

성찬은 제자들과 함께 했던 유월절 식사를 즈음한 주님의 식사에 기원하고 있다. 성찬의 예전이 엄숙한 상징적 의례가 아닌 일상적 삶의 성화의 차원으로 이끌어질 수 있도록 일상적 식사의 의미와 연결될 필요가 있다. 일례로 닛사의 그레고리 성공회 교회에서는 성찬을

루터교 교회, 시카고 대학

마치고 전체 예배가 끝나자마자 성찬 테이블에 음식을 준비하여 애찬을 성도들과 함께 나눈다. 한국인의 음식 특성상 예배당 내에서 식사를 하기는 어렵겠지만 수련회나 야외예배 같은 기회에 이러한 성찬과 애찬을 연결할 수 있을 것이다. 이는 거룩과 일상이 서로 연결되어 있다는 것을 경험하는 매우 중요한 신학적 실천이다. 이러한 경험을 통해 우리의 삶이 공동체로 연결되어 있고 예배와 삶의 일치를 추구해야 하는 것을 깨닫게 된다.

5. 성찬의 예전에서 초대 교회나 고대의 기도문을 자주 사용할 것을 제안한다. 이는 신앙의 선배들이 어떻게 기도하였고 예배를 드렸는지를 기억하는 매우 중요한 수단이다. 또한 전통과 현대의 조화는 미래의 예배가 추구해야 할 덕목이기도 하다. 예를 들어 다음의 순서와 같이 예배의 기원에 디다케에 나타난 성찬기도문을 사용하는 것도 한 방법이 될 수 있다. 성찬 감사기도도 문헌을 찾아보면 역사적으로 중요할 뿐 아니라 현대인에게도 은혜가 되는 좋은 기도문이 상당히 많다. 이를 발굴하여 찾아내고 보급하는 작업은 예배학자들의 몫이기도 하다.

기 원··· 인 도 자
찬양 받으소서, 만물의 주 하나님!
대지와 인간의 수고를 통해 떡의 열매를 내신 분!
이것으로 생명의 떡 되게 하시옵소서.
이제로부터 영원까지 하나님 영광 받으옵소서!

찬양 받으소서 만물의 주 하나님!
포도나무와 인간의 수고를 통해 포도주의 열매를 내신 분!
이것으로 영원한 나라의 포도주 되게 하옵소서!
이제로부터 영원까지 하나님 영광 받으옵소서!

들판에 뿌려졌던 낱알들과 낮은 산언덕에 뿌려졌던 포도들이
이 떡과 포도주의 식탁에서 하나가 되듯이,
주님이시여! 주님의 모든 교회들이 세계 각처로부터 일어나
속히 주님의 나라로 함께 모여들게 하옵소서.
마라나타! 오시옵소서. 주님 예수여!

식탁으로의 초대 · 인 도 자
떡과 잔을 나눔 · 인 도 자
우리는 이 빵을 떼어 주님의 몸을 나눕니다.
우리는 서로 다르나 한 빵을 나누며 한 몸을 이룹니다.
세상의 죄를 없애시는 하나님의 어린양이 여기 계십니다,
주여, 주님을 내 안에 받기를 감당치 못하오니, 한 말씀만 하소서.
내 영혼이 곧 나으리이다.

성찬의 참여 · 다 같 이
성찬중 찬양 · 다 같 이
성찬 감사기도 · 인 도 자

노스 크리스천 교회, 미국 인디애나

6. '식탁으로의 초대' 말씀은 앞선 말씀의 예전과 식탁의 예전을 연결하는 중요한 고리이다. 설교에서 강조된 메시지가 성찬을 통해 몸으로 확증되는 것이 성찬이라고 이해할 때, 설교 시간을 줄이고 성찬으로의 초대 말씀을 강화할 것을 제안한다. 설교는 말씀의 해석이고 성찬은 그리스도의 자기 주심을 통한 말씀의 확증이라는 전통적인 이해를 따라가면 오늘날 설교가 지나치게 예배의 중심을 차지하고 있는 것은 매우 안타깝다. 또한 식탁으로의 초대는 제정사를 낭독하기 전에 설교의 메시지를 간단히 반복하고 확증하면 성찬이 늘 장례 예식처럼 침울해지거나 무거워질 이유가 없다. 오히려 기쁨의 축제이거나 소소한 일상적인 삶의 경험을 주님의 구원의 행위 안에서 해석하고 이해하는 소중한 시간이 될 것이다.

한국의 개혁교회는 종교개혁 정신을 계승하여 근본으로 돌아가야 한다(*Ad Fontes*). 필자는 그 근본이 초기 교회의 예배 신학과 그 형태라고 감히 주장하고 싶다. 먼저 예배 전체의 순서가 설교로 대체되었던 한국 교회의 오류를 극복하는 것이 가장 중요한 과제이다. 그리고 몸으로 이 땅에 오신 주님의 삶과 부활의 이야기가 우리의 일상에 스며들 수 있도록 성찬을 깊이 이해하고 다양한 방식을 통해 실천하는 노력이 필요하다. 나아가 삼위일체 하나님을 예배하는 균형 잡힌 예배를 드리기 위해 성찬은 반드시 한국 개신교에서 회복되어야 한다.

8

유 기 적 예 배

유기적(organic)의 사전적 정의는 "서로 연결되어 있는", "몸의 기관에서 발생한", "살아 있는 유기체와 관련되어 있거나 유기체로부터 생성된" 등이다.14) 사전적 정의에서 주목할 특징은 "서로 연결되어 있다"는 것과 "살아 있다"는 것이다. 살아 있는 것은 서로 연결되어 있고 서로 연결되어 있는 것들은 살아 있는 역동성을 갖고 있다. 이러한 특징은 한 생명체 안에서만 나타나지 않으며 모든 공동체와 사회 그리고 교회에서도 나타난다고 볼 수 있다. 사회경제적 네트워크가 발전하고 지구 전체가 하나의 공동체적 운명을 갖고 살아가는 오늘날의 세계에서는 서로가 깊이 얽혀 있다. 한 부분이 부패하거나 문제가 생기면 개체 전체가 힘을 잃거나 생명을 잃는다. 연약한 부분을 방치하면 그 부분이 전체를 잠식하며 파괴할 수도 있다. 한 부분이 강하게 서 있으면 전체가 좋은 탄력을 받아 성장하고 발전하기도 한다.

마찬가지로 예배도 그 예배를 드리는 공동체의 삶의 역동성과 밀접한 관련이 있다. 공동체 없는 어떤 예배 형식도 상상할 수 없고 존재하지도 않는다. 시대가 변화함에 따라 예배의 형식이나 신학적 강조점이 변하는 것은 지극히 자연스러운 일이고 개혁자들이 주장한 '지속적 개혁'(*Semper Reformanda*)의 실천이기도 하다. 그렇다면 이러한 유기적 역동성을 갖고 있는 세상 속에서 그리스도인들이 드리는 예배는 어떠해야 하는가? 또한 어떤 신학적 의미를 갖는가? 서로서로가 복잡하게 얽혀 있는 세상을 그분께 올려 드리고 그 절대자 앞에서 공동체가 회복되는 것이 예배라면 우리의 예배는 어떻게 달라져야 하는가?

이 사회와 공동체가 하나의 유기적 몸과 같다고 하는 인식을 기반으로 하는 유기적 예배는 성육신 사건의 신학적 의미를 질문하는 데서 시작한다. 기독교 최대의 신비는 하나님 자신이 인간의 몸을 입고 이 땅에 오신 것이다. 하나님 자신이 스스로 상처받기 쉬운 인간의 몸으로 오셔서 인간의 고통을 체휼하시고 이를 통해 인간을 구원하신다. 하나님이 이 땅에 몸을 입고 오셨다는 것은 인간이 어떻게 하나님을 예배하여야 하는가 하는 신학적 주제와 연관되어 있다. 예배드린다는 것은 하나님이 육체를 입고 이 땅에 오신 구원의 사건에 대해 이 세상의 물질과 피조세계를 하나님께 올려 드리는 것이다. 이 세상 피조물의 물질성과 육체성이 모두 하나님께 올려 드려지고 거룩해지는 것이 유기적 예배가 추구하는 신학적 목표이다. 이는 한 개인의 영적 회심이나 체험을 넘어서는 공동체의 회심과 회개를 추구하며 이 사회와 공동체가 하나의 유기적 몸과도 같다고 하는 인식을 기반으로 한다.

유기적 예배란 예배의 전체적 요소가 하나의 몸처럼 각각의 기관이 유기적으로 연결되어 서로의 존재를 보완하고 지지하는 것이다. 인간의 육체성과 물질성은 고통을 인식하는 통로이기에 앞서서 인간 실존의 기초가 되는 것이다. 살아 있는 몸은 우리의 세계를 인식하고 해석하는 수단이다. 인간의 몸은 사회적 실존이 갖는 물질적 성격을 생생하게 경험한다. 진정한 인간의 몸이 아프고 고통스러워하고, 죽음을 경험한다. 진정한 몸이 미적인, 육체적인 감각을 경험한다. 음식의 냄새, 자장가 소리, 아름다운 석양, 사랑하는 사람을 포옹하는 것 등은 실제적인 인간의 몸이 경험하는 것이다.

이러한 유기적 예배는 찬양과 설교로 구성된 단순한 예배 형식을 넘어서는 훨씬 다감각적인(multisensory) 예배이다. 유기적 예배는 기존의 예배에서 강조된 음악만이 아닌 모든 종류의 예술을 통해 하나님을 경험하고 반응하는 예배로서, 이콘을 포함한 시각적 예술이 결합된 예배를 추구하는데 그 가운데 출현한 것이 바로 이머징 워십이다. 나는 댄 킴볼이 말하는 이머징 워십(Emerging Worship)이 유기적 예배의 구체적인 사례라고 생각한다. 이머징 워십은 비주얼과 교회력에 따른 색깔뿐만 아니라 초기 교회의 예전적 요소를 수용하고 회복하며, 수동적인 관람이 아니라 좀 더 참여적인 모임의 예배 공동체를 지향한다. 이 예배는 살아 있는 공동체 안에서 창조된 예배로서 예배 참여자들이 전통을 현대적이고 복음적으로 재해석하며 예배를 디자인한다.15) 이 예배는 목회자 혼자 예배를 기획하는 것이 아니라 스텝과 회중의 대표가 공동으로 예배를 창조한다. 예배 모임의 전반에서 감동을 받을 수 있도록 설교 중심을 지양하며 예배 인도자는 인도자로서가 아닌 참여자로서 구원의 신비에 다가간다. 한 개인의 회심을 넘어서서 탄식, 죄의 고백, 침묵 등을 통해 개인과 공동체 전체가 하나님과 정직하게 대면할 수 있는 기회를 제공한다. 이를 통해 기존 예배처럼 어떤 전제된 결론을 유도하기보다는 열려진 결말로써 획일성보다는 다양성이 공존하는 예배의 형태를 띠게 된다.

이머징 워십은 초기 기독교의 영적이고 신비적인 경험에 대한 갈망과 영적인 경외감을 표현하기 위해 십자가를 비롯한 상징과 비주얼 이미지를 사용하며 거실에서 지니는 편안함과 약간 어둡게 묵상하는 분위기를 유도한다. 깊이 있는 묵상과 시편이나 지혜서의 교독, 설교에 대한 회중의 응답과 간증, 초대 교회의 전통인 중보기도, 새롭게 불리는 찬송과 찬양을 가르치기 위한 시간, 성만찬 경험 등은 유기적 예배와 이머징 예배가 공유하는 부분이다.

빈티지 믿음교회(Vintage Faith Church)는 2004년에 첫 예배 모임을 시작한 캘리포니아 산타크루즈에 있는 신생 교회이다. 2003년부터 핵심이 되는 사람들이 모여 저녁 기도 모임을 시작하였고 2004년부터 매주 400여 명이 참석하여 음악 예배와 기도회 그리고 공동 예배를 드리기 시작했다. 이 교회는 짧은 시간에 인원 대폭 늘어나 예배 공간을 감당하기 힘든 상황에까지 간다. 캘리포니아 산타크루즈는 교회에 다니는 인구 비율이 매우 낮은 지역이지만 기존의 교회에 익숙하지 않은 젊은 층을 대상으로 이 지역의 문화를 반영하여 목회 철학이 세워진다. 이 교회는 자신을 전혀 크리스천이라고 생각하지 않거나 전혀 교회 공동체에 속하려고 하지 않는 사람들을 대상으로

빈티지 믿음교회, 미국 캘리포니아

빈티지 믿음교회, 미국 캘리포니아

하는 것이다. 특별히 산타크루즈 지역 복음주의적인 교회의 경험에 식상했던 예술적인 성향이 강한 젊은이들이 모여드는 교회이다.

이 교회는 설교와 예배에 대한 현대적인 접근을 거부하고 오히려 기독교의 초기 기원으로 돌아가 그 원시성을 회복하려고 노력한다. 교회의 이름을 '빈티지 믿음교회'라고 붙인 것도 이러한 이유이다. '빈티지'는 '오래된, 묵은, 클래식한'이라는 의미이다. 그들은 초기 교회의 비전과 디자인을 현대의 산타크루즈라는 지역의 문화에 이식하는 목표를 갖고 있다. 이런 점에서 이 교회는 클래식한 것을 추구하지만 역설적으로 대단히 전위적이다.

앞의 사진에는 이들이 드리는 예배의 창의성과 예술성이 잘 나타나 있다. 이 교회는 자신들의 믿음을 표현하거나 성서의 의미를 전달하는 데 있어 창조적인 도구들을 사용한다. 미술, 음악, 시, 사진, 춤 그리고 퍼포먼스 등이 예배에서 주로 이용되는 장르들이다. 이 교회는 예술적인 성향이 강한 사람들로 구성되었기 때문에 기존의 교회와는 다르다. 그들은 초대 교회가 열려 있었음을 강조하며 일방적인 가르침이 아닌 서로 묻고 진리를 추구하는 말로 구성된 예배를 드리고 그들의 이름처럼 빈티지한 신앙의 모습을 추구하고 있다.

주일예배는 아침 11시와 저녁 7시에 두 번 있는데 저녁 기도예배가 좀 더 특징적인 예배라고 할 수 있다. 구도자 예배가 기존의 교회의 예배에 식상하거나 좋지 않은 경험을 갖고 있는 사람들을 대상으로 그들에게 친숙한 대중문화를 바탕으로 하는 반면에, 이 교회의 예배는 교회 경험이 없는 사람들을 대상으로 보다 신비하고 영적이며 실존적인 예배 경험을 추구한다. 구도자 예배가 현대인들에게 이질적인 기독교의 원시적 상징과 스테인드글라스를 비디오 스크린으로 대체했다면, 이 교회는 십자가를 비롯한 고대의 기독교 상징을 회복시켜 이를 비디오 스크린으로 투사하거나 예술적 조형으로 되살리는 형식을 추구한다.

하지만 이머징 워십이 구도자 예배 이후의 예배에 대해 고민하며 미국 대중문화에 기반을 둔 훨씬 명상적이고 신비적인 분위기를 추구한다면, 필자가 주장하는 유기적 예배는 기독교 역사를 통해 검증된 예배 전통에 더 무게를 둔다. 이머징 워십이 현대적 기기를 사용해 고대의 신비를 경험할 수 있는 공간과 시간을 연출하려고 하는 반면에 유기적 예배는 고대와 현대를 인위적으로 결합하려는 노력을 하지 않는다. 예를 들어, 고대의 예술 작품이나 이미지를 컴퓨터 화면으로 투사하는 것을 지양하고, 고대의 비주얼이나 기도단을 그대로 사용하며 성찬과 도유식(塗油式), 아픈 자와 고통받는 자를 위한 치유기도와 같은 초기 교회의 전통을 부활시키고자 한다.

한국 교회 예배 상황에서 유기적 예배가 필요한 이유는 무엇인가?

20세기 후반에 밀어닥친 서구의 탈근대주의는 예술 장르에서부터 인문학에 이르기까지 중심과 주변으로 나누는 이원적 관점의 해체를 의미한다. 그리고 이는 중심이 없는 다양성을 존중하는 시대로의 전환을 유도했다. 해체되고 파편화되며, 절대적 권위가 상실되고, 세대 간의 갈등이 현저히 드러나고 있는 탈근대주의 사회에서 새로운 대중적 지지에 기반을 둔 '비권위적 권위'가 나타나고 있다. 이는 기독교 전통이 갖는 권위적 이미지와 정통성에 대한 평가를 새롭게 할 필요를 가져왔다. 전통과 권위에 대한 거부로 미국 교회는 대중문화에 대한 교회의 문턱을 낮추는 구도자 예배의 필요성을 인식하였다. 한국의 많은 개신교회는 미국의 구도자 예배를 모방하며 한국 교회의 양적 성장, 특히 젊은 세대의 전도에 지대한 역할을 해왔다.

한 가지 주목할 점은 한국의 전통적 예배와 열린 예배가 가장 중요한 면에서 유사하다는 것이다. 개혁주의 전통에 서 있는 한국의 전통적 예배는 말씀을 중시하는 개혁자들의 정신에 충실한 나머지 지나치게 설교 중심의 예배 형태를 띠게 되었다. 그러나 열린 예배도 예배의 정점에 설교가 존재한다는 면에서 크게 다르지 않다. 열린 예배는 예배의 중심을 설교로, 나아가 그 설교를 하는 사람에게로 이동하게 하는 견인차 역할을 담당한다. 결국 전통과 역사적 매개인 기독교의 전통적 상징과 이미지를 제외시키며 대중과의 문턱을 낮추고자 원하는 열린 예배는 '설교자'라는 우리에게 보이고 들리는 매개를 스타로 만든다. 이러한 예배의 구조는 현대 한국과 북미에서 대형 교회(Mega Church)가 탄생하는 데 지대한 공헌을 했다.

한국 개신교의 예배가 지나치게 설교에 집중되다 보니 예배의 성공 여부를 설교에서 찾으려고 하며 이는 인도자가 설교를 통해 감동을 주어야 하는 부담감으로 나타나게 된다. 나아가 예배의 중심에 설교자가 서게 되며 그가 하나님의 신비의 주요한 매개자로 등장하게 되었다. 이처럼 설교를 강조하는 개혁교회 전통은 예배를 통해서 설교자가 우상화되거나 개인의 사상이 하나님의 말씀으로 선포되는 위험성을 갖게 되었다. 설교가 예배의 중심에 서게 되면 예배가 지나치게 언어적 표현에 의존하기에 예배 공간은 강의실로 전락할 가능성에도 노출된다.

또 하나의 부작용은 이러한 예배의 패턴이 인간에게 있는 다양한 취향과 성격, 인성, 지성의 개별성과 가능성을 지극히 제한하고 있다는 것이다. 하워드 가드너(Howard Gardner)의 주장처럼, 인간은 언어, 음악성, 공간 감각, 예술성, 내면성, 외향성과 같은 다양한 지적 능력이 있는데도 이러한 다양한 지적 능력이 하나의 예배 형태 안에서 획일화되고 있다는 점에서 문제가 된다. 다양성보다 획일성을 강조하는 예배의 패턴은 회중을 유아적이고 수동적으로 만들며 획일적인 대중적 취향을 강요하게 된다.

서구의 기독교가 지나치게 사유화(privatization)되고 개인화되었던 것을 반성하면서 대안적 모델을 전통적인 교회와 초대 교회의 모델에서 찾고 있는 사이에 우리는 서구 교회의 대중적 모델을 너무 성급하게 채용했고 이는 그 열매의 단맛과 쓴맛을 동시에 오늘날 한국 사회와 교회에 안겨 주고 있다. 한국 교회에도 근대식 복음주의 교회에서 성장하였으나 교회가 기능하는 방식에 불만을 품고 교회를 떠나는 많은 사람들이 있다. 그들은 더 이상 대형 교회의 목회 철학이나 그들이 성장한 교회의 교회 구조나 그 가치에 끌리지 않는다. 그들은 그들이 성장했던 것과 다른 종류의 교회와 다른 종류의 기독교를 경험하고 싶어한다. 빈티지 믿음교회의 담임목사인 댄 킴볼은 이들을 '환멸을 느끼는 기독교인'(Disillusioned Christian)이라 묘사한다.

유기적 예배에 대한 이해는 이러한 획일화된 예배 형태가 가져온 여러 가지 신학적 문제점을 제기하며 다음 세대의 예배와 교회가 어떤 모습이어야 하는지를 심각하게 고찰하면서 논의되어야 한다. 만약 교회의 역사와 문화에 대한 그리고 그 저변에 존재하는 신학에 대한 깊은 통찰 없이 유기적 예배를 논의하는 것은 이를 마치 유행처럼 지나가는 하나의 교회 문화 운동으로 여기는 결과를 초래할 것이다. 실제로 유기적 예배를 소개하는 한 공개 강의에서 이를 하나의 새롭고 신기한 교회 문화의 형태로 논의하며 마치 기독교 역사에 존재하지 않았던 전혀 새로운 것을 보여준다고 생각하는 학생들의 관심과 호기심을 접하게 되었다. 하지만 교회와 예배의 역사에서 해 아래 새 것은 없다. 필자가 말하고자 하는 유기적 예배는 1980년대 이후의 대중적 기독교에 대한 반성이고 반작용이며, 나아가 보다 깊은 초대 교회의 영성과 예배의 신비에 대한 관심이다. 한국 사회처럼 빠르게 가치관이 변하고 권위 자체가 붕괴하는 세대에 근원으로 돌아가고자 (*Ad Fontes*) 하는 움직임이고 신학적 몸 낮춤이다.

유기적 예배를 통해 회중이 얻을 수 있는 유익은 무엇인가?

유기적 예배가 갖는 다감각적 특징은 기독교만의 독특한 감성과 기질을 형성한다. 이 예배를 통해 듣고, 보고, 만지고, 먹고, 마시는 행위는 복음의 내러티브를 우리의 육체적이고 감각적인 움직임을 통해 형상화한다. 찬양을 하고 말씀을 들으며, 손을 내밀고 사람들과 평화의 인사를 나누며, 무릎을 꿇고 참회의 기도를 드리며, 때로는 안수하고 다른 이를 위해 기도한다. 이러한 행위와 몸짓은 보이는 행위를 통해 보이지 않는 하나님 나라를 경험하도록 우리를 이끈다. 인간의 이성이 해명하지 못하는 그 계시의 공간에서 인간의 상상력과 감성은 이미 그분을 경험하고 만나고 있는 것이다.

그리스도가 말하는 것처럼 말하고, 그분이 느끼는 것처럼 느끼고, 그분이 만지는 것처럼 만지고, 그분이 보는 것처럼 세상을 보고, 그분이 듣는 것처럼 사람들의 말과 세상의 소리를 듣는 것을 통해, 우리는 그리스도를 예배하는 것이다. 이는 신학적 당위가 아니라 예배 가운데 실제로 일어나는 경험적 현상들이다. 그리스도의 신비적 차원은 인간의 현재의 경험에 늘 열려 있으며 이는 우리의 인식과 육체성 안에서 현재화된다. 다시 말해 예배의 행위를 통해 그분을 닮는 가운데 공동체의 성화가 일어나는 것이다. 믿는 무리들이 한 목소리로 기도하고 회개하며 하나님의 말씀을 듣고 주님께서 제정하신 떡과 포도주를 나눌 때, 그 공동체는 예배 공동체가 되며 예배 행위는 개인과 공동체의 성화로 이어진다. 이처럼 예배는 한 개인의 의식 흐름이나 작용을 넘어서는 공동체의 움직임이고 행위이다. 예배는 살아 있는 사람들의 모임이고 그 공동체가 창조자 앞에 서는 행위이다.

이러한 상상력과 몸의 경험, 은유와 상징에 대한 신학적 깊이가 한국 교회의 예배를 통해 깊이 체화되어야 한다. 체화(embodiment)는 예배를 통해서 하나님의 마음과 세상에 대해 반응하는 방식을 경험하게 한다. 세상을 바라보는 그리스도의 마음이 공동체 안에 내면화될 때, 그 구원과 치유의 경험으로 이어질 것이다. 이는 한 개인의 심리적 위로나 용서를 넘어서는 공동체적 행위이다. 우리 모두가 가해자이며 피해자로 연결되어 있는 유기적 공동체인 것을 깨닫는 경험이다. 예를 들어, 죄의 고백을 통한 치유와 회복은 개인의 영적인 차원에서 일어날 뿐 아니라 공동체 전체의 회개와 회복인 것이다. 이렇듯 유기적 예배는 우리나라와 같은 집단적 증후군이 심한 사회에서 반드시 필요한 예배이다.

예배는 지극히 개인적이면서 철저히 공동체적 성격을 갖고 있다. 예를 들어, 초대 교회의 중보기도는 이 세상을 하나님께 올려 드리는 기도였고 우리가 살아가는 세상과 교회의 문제, 그로 인해 고통당하는 개인의 질병을 위해 기도하였다. 만약 이러한 초대 교회의 중보기도의 전통이 우리의 공중 예배에서 진실하게 드려진다면, 개인의 삶의 고통을 충분히 공동체와 초월자 앞에서 드러내 보일 수 있는 그런 공간과 시간을 가질 수 있을 것이다. 굳이 초대 교부들의 신학이나 정교회의 신학을 빌리지 않더라도 초대 교회는 이 세상을 그리스도의 몸으로 이해했고 세상은 그리스도가 그의 넓은 팔로 안으시는 사랑과 구원의 대상이었다. 세상은 하나님의 피조물이고 하나님의 생명이다. 그 세상의 한 지체가 당하는 고통을 그 몸이 모를 수 없고 그 몸은 그 지체의 고통에 연대책임이 있는 것이다.

유기적 예배를 준비하고 실행할 때 유의할 점은 무엇인가?

이러한 대안적 예배 모형을 필요로 한다면 그 예배가 갖는 중요한 기

빈티지 믿음교회, 미국 캘리포니아

준들은 무엇이어야 할까를 생각하지 않을 수 없다. 그러한 예배는 성도들의 참여를 유도하며 그것에 큰 가치를 두는 예배일 것이다. 지금 이 순간 무엇인가 일어나고 있다는 감격과 예배 가운데 하나님의 영이 인간을 변화시킨다는 믿음과 기대감이 충만한 예배일 것이다. 그 기대감은 참여자들의 감각과 지성과 영성이, 변화의 주체가 되는 거룩한 분과 연결되게 하는 것이다. 이는 참여자들을 수동적 관객으로 만드는 것이 아니라 적극적인 하나님의 신비에 동참하도록 유도하게 될 것이다. 이 신비를 통해 시간과 공간을 초월해 새로운 확신과 믿음으로 유도되고, 인도자와 참여자 사이에 있는 보이지 않는 벽인 제4의 벽(The 4th wall)을 침투하는 어떤 행위와 힘이 전체의 공간 안에 가득 차게 되는 그러한 예배여야 한다.

북미의 예전적 교단들은 젊은 층이 줄어들면서 예전적인 동시에 역동적인 예배를 드리기 위해 많은 노력을 하고 있다. 예를 들어 현대 복음성가나 떼제 음악 중에서 회중이 따라하기 쉬운 곡들을 훈련하여 주일 공중 예배에 사용한다든지, 간단한 간증이나 중보기도 등을 통해 회중이 참여할 수 있는 순서를 확대하는 것이다. 또 회중의 참여는 직분에 따라 정하지 않고 다양한 연령층과 초신자에게 개방하는 것이 바람직하다.

예배의 개혁은 사실 하나의 신학자나 목회자의 생각으로 결정되어서는 안 된다. 예배 행위는 기본적으로 공동체적 행위이기에 그 공동체가 그 예배를 통해 무엇을 경험하고 있는지를 조심스럽게 확인할 필요가 있다. 가장 이상적인 과정은 예배 위원회를 조직하고 그 구성원을 연령과 남녀 또는 교회의 직분과 상관없이 선출하여 그곳에서 정직하고 객관적인 평가 작업을 거치는 것이다. 예배 위원회에서의 대화 진행은 가능하면 밝고 가볍고 경쾌하게 이끌어야 하며, 의견을 수렴할 때의 주제는 다음과 같은 것들이 가능할 것이다.

1. 예배의 전체 소요시간은 어느 정도가 바람직한가?
2. 성찬의 방식을 바꾼다면 어떤 방식을 택할 것인가? 각각의 신학적 의미는 무엇인가?
3. 성가대의 찬양과 설교의 조화.

4. 교회력의 사용 유무.
5. 예배 전체를 통해 평신도의 목소리가 들리고 있는가?
6. 자신의 교회를 신학적으로 표현하는 가장 좋은 방식의 공간의 배열과 장식.
7. 설교대, 제대, 성찬상, 초, 십자가, 제단장식 꽃의 위치.
8. 다음 세대를 위해 어떤 예배의 변화를 염두에 두고 있는가?
9. 예배를 통해 소외되는 그룹은 없는가, 예배를 통해 사회적 기존 질서가 유지되거나 강화되는가 아니면 복음에 의해 재해석되고 역전되고 있는가?

예배 행위에는 인간의 감정, 인식, 개념, 육체적 차원이 복잡하게 얽혀 있고 공동체의 정서, 종교적 상징과 내러티브 등이 뒤섞여 있다. 회중들은 성경을 읽다가 또는 설교를 듣다가 감격하기도 하고 눈물로 죄를 고백하기도 하며, 하나님 나라를 경험한다고 고백하기도 한다. 예배가 갖고 있는 육체적 경험의 측면은 이러한 공동체의 기쁨과 아픔이 하나님의 구원 이야기에 스며들며 하나님의 이야기는 그들의 삶에 해석되고 각인되게 한다. 따라서 손을 맞잡고 인사를 하고, 손을 들고 기도를 하고, 무릎을 꿇고 참회의 고백을 드리며, 서로를 안거나 악수를 하며 평화의 인사를 나누고, 아픈 자를 위해 안수를 하며 중보 기도를 하고, 앞으로 나와 성찬을 받는 등의 몸의 사용을 적극적으로 교육하고 강조하여야 한다. 몸짓와 자세, 회중의 동작과 인도자의 동선을 회중의 관점에서 바라보고 예배를 재구성해야 한다.

예배의 경험은 태도, 감정, 자기이해의 변화와 같은 다양한 차원을 내포하고 있기에 예배 신학은 이미지, 상징, 동작, 음악, 건축, 언어, 설교자의 위치와 자세 등에 대한 연구를 필요로 한다. 이 복잡한 역동성을 통해 종말론적이고 영원한 시간(eternal)이 예배를 드리는 현재의 시간성(temporality) 안으로 체화되기 때문이다. 이런 의미에서 유기적 예배가 한국 교회에서 더 깊이 연구되고 경험된다면 다음 세대를 위한 예배의 이정표가 되리라 필자는 생각한다.

9

공간의 아름다움

몇 년 전에 개봉한 〈박물관이 살아 있다〉라는 영화를 본 적이 있다. 주인공은 박물관에서 야간 경비원으로 일하게 된다. 어느 날 그는 밤마다 박물관에서 전시물들이 살아 돌아다니는 장면을 목격한다. 로마의 글래디에이터, 카우보이, 마야인들, 네안데르탈인, 루즈벨트, 심지어는 티라노사우루스까지 날아다니며 자신들의 이야기를 하고 주인공과 대화하며 여러 사건들을 벌인다. 이 영화는 박물관이라는 하나의 공간 안에서 시간과 지역을 초월하여 수많은 사람과 동물이 자신들의 이야기를 풀어놓는다는 흥미로운 주제를 담고 있다. 자칫 지루해질 수 있는 박물관이라는 장소가 고리타분한 옛 물건을 담아 놓는 그릇으로서의 공간이 아니라 살아서 움직이고 그들에게 말을 거는 역동적인 장소로 탈바꿈하는 것이다.

이 영화를 통해 평상시에 생각하던 것을 한마디로 요약할 수 있게 됐다. "공간은 살아 있다!" 공간은 단순히 그 안에 일어날 사건과 사람을 담는 그릇이 아니다. 모든 공간은 나름의 독특한 분위기를 갖고 있다. 공간의 분위기는 그 안에서 나타나는 다양한 움직임과 행동을 제약하기도 하고 일정한 방향의 행위를 유도하기도 한다. 나아가 그 안에 있는 사람들에게 말하고 그들의 의식을 형성한다. 공간의 모양, 벽의 재질, 색깔, 크기에 따라 공간은 그 안에 거주하는 이들에게 상징적 메시지를 끊임없이 전달하고 있다.

그렇다면 예배의 공간은 어떠한가? 예배 공간에는 기독교의 오랜 역사 가운데 간직되어 온 독특한 하나님의 계시와 그분을 만난 공동체, 개인들의 이야기가 스며들어 있다. 예배가 이뤄지는 그 공간에서는 하나님의 이야기와 인간의 이야기가 만나는 신비가 일어난다. 하나님의 구원 이야기가 우리의 공동체와 삶 그리고 우리의 육체 안에 각인된다. 예배는 소리와 침묵, 이미지와 이미지에 대한 저항, 인간의 상상력과 영적인 갈망이 교차하는 복잡한 교차로와 같다. 교회의 공간은 예배에 참여하는 이들에게 새로운 의미를 부여하고 이런 의미를 내적으로 전달하는 동시에 각인한다.

모든 교회는 각각의 이야기를 갖고 있다. 그 공간에서 성도들은 때로 울고 웃고 서로 위로하며 하나님의 은혜를 경험한다. 공동체의 기쁨과 아픔은 하나님의 구원 이야기 속에 스며들고 하나님의 이야기는 그들의 삶에 해석되며 각인된다. 교회 공간은 그 안에서 어떤 움직임이 일어나는지 보여줄 뿐만 아니라 예배 공동체 그 자체의 이야기이다. 공간을 통해서 예배 공동체는 자신에게 맡겨진 사역과 정체성을 드러내며 동시에 그 공간에 의해서 사역의 비전과 정체성이 형성

성 마리아 대성당, 미국 샌프란시스코

되기도 한다.

상징적 의미들이 담긴 예배 공간은 인간의 인식이나 감성, 도덕적 동기뿐 아니라 영성 형성에 영향을 준다. 가령 예배에서 시간과 공간, 소리, 침묵, 움직임을 포함하는 비언어적이고 상징적인 요소는 회중에게 초월적 실재에 대한 내적 경험을 제공한다. 예배를 통한 은유와 상징은 참여자들에게 몸의 감각을 요구하며 예배 참여자들은 듣고 보고 만지고 먹고 마시는 행위를 통해 기독교의 내러티브를 형상화한다. 하나님과 세상에 대해 독특한 방식으로 감각적 반응을 하게 되는 것이다.

예배에 대한 신학적·교리적 이해는 종교 행위가 갖는 인간의 감정, 인식, 개념, 육체적 차원의 복잡성을 지나치게 단순화하는 경향이 있다. 종교 경험은 개인의 감정과 종교적 상징과 내러티브 등의 교리적 구조가 뒤섞여 있다. 회중은 성경을 읽거나 설교를 들으며 감격하기도 하고 눈물로 죄를 고백하기도 하며, 하나님의 나라를 경험했다고 고백하기도 한다. 예배의 경험은 태도, 감정, 자기 이해의 변화 같은 복잡한 차원을 내포하고 있기에 예배 신학은 이미지, 상징, 동작, 음악, 건축, 언어, 설교자의 위치와 자세 등에 관한 종교 제의학과 퍼포먼스 이론에 관련한 연구가 필요하다. 이를 통해 종말론적이고 영원한 시간(eternal)이 예배의 현재 시간성(temporality) 안으로 체화되기 때문이다.

성찬상과 강단, 세례반의 위치, 조도를 감안한 스테인드글라스, 십자가, 촛불, 조명 등은 예배자로 하여금 초월적 신비에 집중하게 하며 공간의 직선과 사선, 곡선의 조화는 강함과 부드러움, 경건과 평안을 동시에 느끼게 한다. 세례반이나 강대상, 성찬상은 예배의 일부분을 담당하는 기능적 존재가 아니라 하나님의 임재와 기독교 공동체의 내러티브를 담고 있는 중요한 상징으로서 살아 있는 '행위'인 것이다. 이런 공간을 통해 회중은 공동체의 사명과 본질을 깨닫게 된다.

내부 공간의 배열에 대한 제언

현대의 성찬은 상하 계층적이고 성직자 중심적이었던 수여 개념이 테이블을 중심으로 회중이 거룩한 식사를 나누는 참여적인 모델로 대체되는 경향이 강하다. 성찬상은 마치 이스라엘의 제단이 그랬던 것처럼 회중이 건너편에 멀찍이 위치해 있어야 하는 불가침의 가구가 아니다. 오히려 제사장적인 공동체 구성원이 모두 참여하는 봉헌을 위

성 닛사의 그레고리 성공회 교회, 미국 샌프란시스코

한 구조물이다. 모두가 평등하게 참여할 수 있다는 점을 강조하기 위해 제단을 강단 위가 아니라 공간의 중앙 앞쪽이나 회중석 안에(한가운데) 놓을 것을 제안해 본다. 예를 들어 샌프란시스코에 있는 닛사의 그레고리 교회는 성찬상이 예배실 입구에서 사람들을 맞이한다. 이는 죄인들과 함께하셨던 나사렛 예수의 친밀함을 상징하기 위해서다. 성찬식이 열리는 날에는 성찬상 주변에 사람들이 둘러싸게 된다. 성찬상은 권위의 상징이 아니라 오히려 권위 없음의 상징이 돼야 한다.

예전적 행위의 관점에서 볼 때 말씀의 장소는 회중이 편하게 앉아 있어야 할 공간이기에 좌석 배치는 중요하게 다뤄야 한다. 테이블을 원형 또는 반원형으로 하거나 앞쪽의 연단을 보고 줄을 맞추어 앉는 것으로 예배 분위기가 결정되는 것처럼 회중의 성격도 좌석 배치에 따라 결정된다. 일렬로 앞을 보고 앉은 회중은 일방적으로 말을 듣거나 예배를 말 그대로 '보게'(seeing) 된다. 반면에 원형이나 반원형으로 마주보고 앉으면 서로의 참여를 기대하게 된다. 따라서 예배의 성격이나 교회력에 따라 좌석 배치를 유연하게 바꿀 필요가 있다.

설교단은 위엄을 갖고 있지만 제단과 마찬가지로 회중석과 같은 높이에 놓는다면 모든 회중이 하나님의 거룩한 사물들에 동등하게 접근할 수 있음을 강조할 수 있다. 이는 회중이 공유하는 소명을 재발견한다는 상징성을 강조하는 것이다. 만약 회중석에서 설교단이 잘 보이지 않는다면 좌석 배치를 달리해 볼 필요도 있다. 예전적 관점에서 봤을 때 예배의 공간 중심에 있어야 할 것, 가령 성찬상이나 설교대, 세례반 등을 어떤 순서로 놓을 것인가에 관계없이 그 배열은 예배의 순례적인 성격을 강조해야 한다.

광현감리교회(위), 노스 크리스천 교회, 미국 인디애나(아래)

안수 받은 설교자의 좌석이 나머지 회중들 바로 옆에 위치한다면 회중 모두가 하나님의 거룩한 제사장적 존재라는 소명을 회복하는 데 좋은 상징이 될 것이다. 이러한 방식으로 안수 받은 설교자는 회중 가운데에서 목회의 리더십을 행하기 위해서 나오며 공동체에 의해서 이루어지는 다양한 목회적 행위 가운데 하나를 행한다는 신학적인 의미를 갖는다. 회중 대표로 올리는 고백의 기도는 회중과 함께 그리스도의 십자가의 은혜 앞에 서는 연약한 피조물의 한계성을 고백하는 기도이고, 성가대는 스스로 예배자이면서 음악과 행동으로 회중을 인도하고, 음악을 통하여 회중들에게 하나님의 말씀을 선포하고 권면하는 역할을 담당한다.

예배 공간의 변화를 위한 제언

예배 공간의 변화는 사실 일부 신학자나 목회자의 생각으로 결정돼서는 안 된다. 예배는 기본적으로 공동체적 행위이기에 그 공동체가 예배를 통해 무엇을 경험하고 있는지 조심스럽게 확인할 필요가 있다. 가장 이상적인 방법은 연령이나 성별, 직분에 관계없이 예배 위원회를 구성하여 투명하고 객관적인 평가 작업을 시행하는 것이다. 교회 활동의 중심이 되는 예배를 목회 전문가가 아닌 평신도가 평가한다는 게 의아할 수도 있겠으나 우리가 일상적으로 예배를 드린 후 가볍게 예배에 대해 논의하고 대화의 주제로 삼고 있는 현실을 고려한다면 그리 이상할 이유는 없다. 단지 평신도 그룹이 의견을 제시할 때 지나치게 감정적이거나 비이성적으로 비판하지 말고 교회 공동체의 건강한 발전을 위해 대화하는 것을 전제로 삼을 필요가 있다. 예배 위원회는 대화를 가능하면 밝고 가볍고 경쾌하게 이끌어야 하며 개인에 대한 공격이나 감정적 싸움은 절대 피해야 한다(사실 민주적 의사 결정 과정이 훈련되지 않은 한국 사회와 교회에게 이런 제안을 하는 것이 조금 조심스럽기도 하다). 예배의 갱신을 위해 논의해도 좋을 주제는 다음과 같다.

1. 예배의 전체적 동선에 따른 공간 배열.
2. 성찬의 방식에 따른 공간 구성과 그 신학적 의미.
3. 성가대의 위치.
4. 평신도의 예배 참여를 활성화하기 위한 공간 배열 및 예배 진행 방식.
5. 교회를 신학적으로 표현하는 가장 바람직한 실내 공간의 배열.
6. 안수 받은 목회자는 말씀의 예전을 위해 어느 자리에 위치하는 게 좋은가?
7. 인도자의 위치는 예배의 순례적 의미와 신학적 의미를 잘 표현해내고 있는가?
8. 예배 중 목회자의 동선과 위치 – 설교, 광고, 성찬 집례 시 적절한 위치에서 인도하고 있는가?
9. 설교대와 제대 그리고 성찬상의 배치.
10. 초와 십자가, 제단 장식 꽃의 위치.
11. 성찬과 참회의 기도를 드리기 위해 회중은 어떤 움직임이 가능할까?

성 이그나시우스 채플, 미국 시애틀 대학

라 샤펠 노트르담, 프랑스 롱샴

공간은 그 공간을 사용하는 사람들의 의식과 세계관을 형성한다. 예배 공간 자체가 하나의 성례 역할을 할 수 있다. 예를 들어 세례를 기억하고 확인하는 예전을 위해서 세례반을 구분된 장소에 배치하여 그곳을 거룩하고 엄숙한 분위기로 만든다거나 사람들이 만나고 교제할 수 있는 복도의 공간을 만드는 것은 하나의 분명한 경계요, 엄숙한 구분이다. 이를 통해 새로 온 신자들은 그 공동체의 사명과 본질을 깨닫게 된다. 따라서 내부 공간의 실제적인 변화는 공동체 자체의 성격과 삶의 태도를 변화시킬 수 있다. 대부분 교회의 내부 공간은 가구들로 인해 지나치게 협소하고 혼란스러워 목적 자체가 매우 불분명해 보일 때가 많다. 공간은 비워질수록 영적인 공간이 될 뿐 아니라 다양한 예배의 가능성이 열린다.

1980년대 이후 한국 교회는 경제적인 성장 속도에 발맞춰 양적으로 팽창됐고 많은 교인을 수용할 수 있는 집회 장소로만 교회의 공간을 생각해 왔다. 그러다 경제적으로 안정되면서 사람들은 세속적인 레저 문화에 빠져들었고 교회는 이들을 다시 끌어들이기 위해 카페나 호텔 같은 분위기로 예배 공간을 꾸몄다. 이런 공간은 편리하지만 예배하는 장소로는 지나치게 상업적이고 세속적인 이미지를 생산하고 편리성과 효율성, 경제성만 따라가게 될 위험이 있다.

필자는 오히려 예배 공간을 통해 고대의 이야기와 오늘날 우리의 이야기가 공존하는 소박한 공동체적 공간을 추구해야 한다고 생각한다. 그곳은 자신들의 이야기를 드러내고 동시에 초월자의 거룩함을 경험할 수 있는 공간이다. 소박함과 공동체적 영성은 앞으로 교회 공간이 추구해야 할 가치다. 오랫동안 교회를 떠났다가 돌아온 사람들

중에는 어릴 때 뛰놀던 교회의 소박한 정경과 독특한 냄새가 그리웠다고 이야기하는 경우가 종종 있다. 예배당 공간에서 어린 시절에 불렀던 〈예수 사랑하심〉 같은 선율과 아이들의 웃음소리, 성탄절 전야에 했던 인형극 등이 그들의 기억 세포에 자리를 잡고 향수를 불러일으키며 그들을 다시금 복음으로 인도한 것이다.

이제는 호텔이나 카페 같은 분위기를 모방하기보다 목회자 자신의 신학과 복음의 경험을 성도들과 함께 나눌 수 있는, 그 교회만의 독특하고 의미 있는 공간을 만들었으면 한다. 누구나 추구하는 차별화되지 않는 교회가 아니라 우리 교회 공동체만의 독특한 이야기와 신학 그리고 고대의 성서 이야기가 동시에 공존하는 공간이 필요하다.

10

시 간 의 아 름 다 움
- 색(色)과 예배

지난 몇 해는 견디기 쉽지 않은 시간이었다. 폭염과 폭우, 폭풍 그리고 혹한이 쉬지 않고 사람들을 불안하게 했고 예측하기 힘든 자연의 힘을 경험하게 했다. 날씨의 변화는 큰 틀에서는 어느 정도 예측 가능하지만 순간순간의 미세한 변화는 예측하기 매우 어렵다. 바람이 어느 순간 어디로 불지 알 수 없다. 요한복음 3장 8절 말씀처럼 바람은 임의로 불며 우리가 그 소리를 들어도 어디서 와서 어디로 가는지 알지 못한다. 전능자의 존재를 가장 절실히 찾게 될 때가 인간이 예측하지 못한 비극을 경험할 때인 것처럼 자연의 힘을 가장 크게 느낄 때가 인간이 자연의 힘을 예측하지 못할 때이다. 이러한 인간의 한계를 극복하기 위해 과학의 첨단을 달리는 물리학의 최신 이론은 늘 날씨를 예측하는 데 이용되곤 한다. 자연은 이렇듯 예측 가능성과 예측 불가능성이라는 극단의 모습으로 우리에게 다가온다.

    우리를 모두 날려 버릴 것 같던 폭풍과 폭우가 그치고 어느덧 아침

저녁 바람이 서늘해진다. 낙엽과 우수에 젖은 가을로 바뀌어 갈 준비를 하고 있는 것처럼 보이더니 어느새 혹한이 우리의 옷을 동여매게 만든다. 계절은 이렇게 순환하고 또한 어느 정도는 예측 가능한 모습으로 우리에게 다가온다. 이러한 자연의 순환적인 성격은 하나님의 창조질서이기도 하다.

반복적이고 순환적인 창조의 질서 속에 이천 년 전 폭풍과 같은 한 인생이 우리를 구원하기 위해 이 땅에서 살다가 아버지의 나라로 돌아가신다. 역사의 시간 안에 예수 그리스도는 단 한 번 이 땅에 오셨다. 그분의 삶과 죽음은 이천 년 전 역사 속에서 단 한 번 이루어졌다. 이렇듯 하나님의 구원 이야기는 영원성과 순간성, 반복성과 일회성, 예측 가능성과 예측 불가능성의 긴장 속에서 펼쳐지는 드라마다.

우리의 일상적 삶도 어제와 오늘이 크게 달라지지 않은 것 같으나 매일의 순간이 영원이기도 하고 어떤 이의 순간은 타인의 일생을 구원하는 카이로스의 시간이 되기도 한다. 순간이 영원과 연결되어 있는 것은 일상에서도 늘 경험할 수 있다. 언젠가 숲속에서 자연을 바라보며 묵상기도를 하다가 잠이 들었다. 잠결에 바람소리를 들었다. 바람이 나무를 스치고 그 소리가 내 귓가를 스친다. 그 소리는 바람의 존재를 내게 알려주었다. 나뭇가지가 서로를 스치는 모습과 소리에서 바람의 존재는 자신의 존재를 알린다. 히브리어로 성령은 '루아흐'(rûaḥ) 곧 바람이다. 바람과 마찬가지로 성령님은 우리에게 보이지 않지만 마치 나뭇가지가 부딪히는 것처럼 그 흔적(trace)을 통해서 우리에게 자신의 존재를 계시하신다.

하나님을 예배한다는 것은 그분의 흔적을 찾아 떠나는 여행과도 같다. 우리는 사람들과 대화를 나누고, 사물을 관찰하고, 자연을 느끼고, 음식을 먹는 등의 일상적인 행위 속에서 하나님의 흔적을 발견하고 그분의 성품을 경험한다.

오랜 시간 방황하다가 교회로 돌아온 사람들의 간증을 들어보면 그들이 어릴 적 예배당에서 맡았던 냄새, 시골 교회의 첨탑, 어른들의 진지한 예배 모습, 성찬 빵과 포도주, 빨간 카펫, 촛대, 성경 등을 기억하고 있는 것을 알 수 있다. 그들에게는 기독교의 교리와 신학보다 고향에 있던 작은 예배당의 정취가 훗날 교회로 돌아오게 된 매개가 된 것이다.

그런 기억의 요소 중에서 가장 중요한 것이 시각적인 매개이다. 시각적 매개 중에서도 특히 교회력에 따른 색깔은 하나님의 현존과

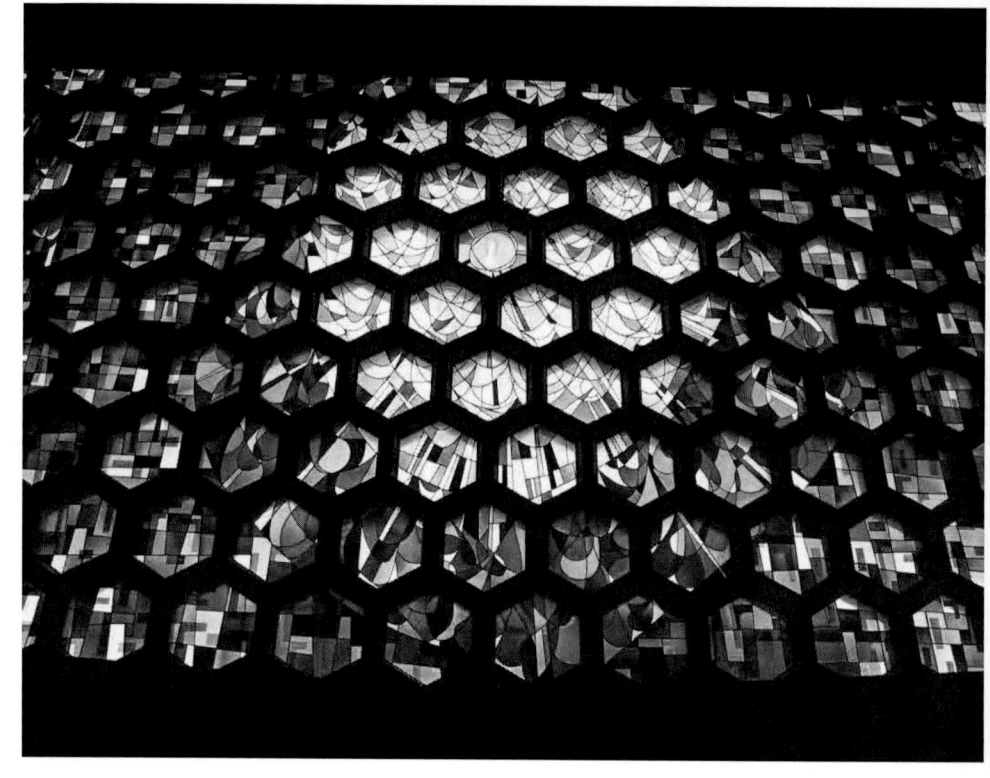

성 요한 교회, 미국 미네소타

부재에 대한 감각을 일깨우고 나아가 이성적 범주 너머로 우리를 인도한다. 순환적인 자연 속에 일회적이고 영원한 그리스도의 삶과 죽음의 이야기가 스며든 것이 바로 교회력이고 교회력의 많은 부분은 색깔로 드러나기 때문이다.

로마 가톨릭은 제2차 바티칸 공의회에서 〈전례 헌장〉(*Sacrosanctum Concilium*)을 반포하면서 참여를 통한 경험적 차원에 초점을 맞춘 예배 신학을 주장했다. 〈전례 헌장〉의 항목들은 공통적으로 의례적 행위, 회중의 참여, 찬송가, 건축법, 시각적인 예술품 사용 등의 내용을 담고 있다. 제2차 바티칸 공의회의 영향과 더불어 최근 일어난 개신교의 예전(Liturgy) 회복 운동에 따라 미국의 각 교단도 새로운 예전 개발을 위해 많은 노력을 기울이고 있다. 가령 예배당에 조명이나 배너, 꽃 등의 시각적 요소를 가미해 예배 참여자들로 하여금 하나님의 성품과 비전을 경험하고 각인시키는데, 이런 시각적 요소는 하나님의 나라에 참여하는 내면화 과정을 내포한다.

이런 관점에서 한국 교회의 예배에서 시각적 경험에 대한 부정적 인식을 어떻게 극복해야 하는지가 하나의 과제로 남아 있다. 설교나 광고시간에 가장 세속적인 동영상이나 이미지들을 여과 없이 보여주며 세속적 가치와 메시지를 재생산하면서, 기독교의 전통과 깊이가 있는 성화는 이단적인 것으로 치부하는 것이 현실이다. 사실 상업적인 시각문화에 대한 무분별한 차용과 역사적인 이미지에 대한 무비판적 거부는 성상과 성화 논쟁으로 거슬러 올라갈 필요가 있다.

성상과 성화를 통해 회중들을 교육하고 성서의 이야기를 가르쳤던 중세 교회를 비판하며 등장한 개혁교회는 시각의 문화를 우상으로 여

복음교회, 오스트리아 클로스터노이부르크

기고 청각적 매개를 유일한 진리의 수단으로 인식한다. 다시 말해 눈의 매체인 이미지보다 귀의 매체인 말을 유일한 진리의 인식 수단으로 여기게 된다. 볼 수 없는 하나님은 들을 수 있는 하나님으로만 다가오며 이는 종교개혁에서 이미지에 대한 청각의 우위로 나타난다.

사도 바울은 "믿음은 들음에서 나며 들음은 그리스도의 말씀으로 말미암았느니라"(롬 10:17)고 말하면서 말씀을 '듣는' 것이 믿음을 형성하는 데 중요하다는 사실을 강조했다. 그러나 사실 바울은 인간 예수를 한 번도 만나지 못했기에 자신의 사도성에 대한 의심을 잠재우려는 목적으로 이 논리를 사용한 것이다. 이는 오늘날 한국 개신교에서도 여전히 유효하다. 들음을 강조하는 전통은 말씀을 전달하는 목회자를 교회 한가운데 있는 사도적 위치에 세워 놓았고 결과적으로 목회자가 우상화되기 쉬운 구조를 형성하고 말았다. 말씀을 전달하는 자가 교회의 중심에 서서 목회자 한 개인의 문제가 교회 전체의 문제로 비약되는 구조를 낳게 된다. 인간과 신의 절대적 차이를 강조하며 신의 이미지를 금지했던 오래된 기독교 전통은 결과적으로 한국 개신교에 독특한 문화를 형성하는 데 기여하였다.

최근에 건축되거나 증축된 한국 교회, 특히 대형 교회의 실내 공간을 살펴보면 카페나 호텔 로비가 연상된다. 아마도 현대인들에게 친근하고 편한 구도와 조명이기에 그렇게 설계하지 않았을까 생각한다. 현대인의 세련된 감각에 발맞춰 간다는 점에서 교회의 그런 변화는 일견 긍정적으로 보인다.

하지만 교회 내부 공간을 구성하는 과정에서 가장 중요한 주제를 놓치고 있다. '과연 교회란 무엇이고 무엇을 하는 곳인가'라는 궁극적인 질문을 하지 않는 것이다. 예를 들어 강단을 화려하게 장식한 꽃들을 보면 무엇을 위한 것인지 불분명하게 보일 때가 있다. 교회의 존재 이유나 예배 목적과 관계없이 그저 허전한 공간을 메우고 사람들의 시각을 만족시키기 위한 장식물로 여겨지는 것이다.

1970~80년대 미국의 수정교회(Crystal church)는 실내 체육관이나 대형 콘서트홀을 방불케하는 현란한 조명과 음향 시설을 갖추고 있었고 한국의 중대형 교회 목사들은 이곳을 대표적인 성장 모델로 삼아 여러 번 방문하곤 했다. 그랬던 수정교회가 이제는 L.A. 방문객들이 거쳐 가는 하나의 관광 코스로 전락했다. 심지어 성도의 수가

수정교회, 미국 로스앤젤레스

급격히 줄어 남미와 아시아권 성도들에게 공간을 대여해 주기도 한다. 현대의 한국 교회들은 대체로 미국의 대형 교회, 예를 들어 새들백 교회, 윌로우크릭 교회 그리고 노스포인트 교회를 모방하고 있는 듯 보인다. 1980년대부터 한국의 중대형 교회 목사님들은 미국의 대형 교회들을 방문하며 여러 가지를 모방하려고 노력해 왔다. 문제는 그들의 교회가 실내체육관의 형상을 하고 있고 마치 공연을 하듯 보여주는 예배를 드리고 있다는 사실이다. 드라마와 퍼포먼스 그리고 콘서트를 방불케 하는 현란한 조명과 음향시설은 참석자들이 손뼉을 치며 몸을 흔들게 만들고 때로는 다리를 흔들거리게 한다.

이들의 예배는 분명 초신자들을 위한 예배였고 그들의 대중적 정서에 어울리도록 기획된 예배이다. 이러한 예배를 벤치마킹하는 한국의 많은 교회가 그러한 예배 공간을 모방하고 있고 많은 예산을 들여 음향시설과 조명시설을 설치하고 있다. 천장에는 공연장에서나 볼 수 있는 검은색 또는 흰색의 조명들이 주렁주렁 달려 있는 것을 보며 이 공간이 어떤 예배를 추구하는지를 짐작하게 한다.

필자는 최근 독일을 여행하던 지인에게 쾰른 성당의 스피커 사진을 찍어 달라고 부탁하였다. 그분은 일단 쾰른 성당에서 스피커를 찾기가 참으로 어려웠다고 한다. 전통적 양식의 건물에서 예배를 드릴 때미다 필자는 높은 천장의 울림에도 불구하고 발음이 정확히 들려야 하는 설교의 특성상 음향시설을 어떻게 설치하는지에 대해 관심을 갖고 기둥을 살피는 것이 습관이 되었다. 가끔은 전통적 교회들이 드러나지 않는 조화의 미학을 연출하는 것을 보며 탄성을 터뜨릴 때가 있었다. 그것은 전통적인 교회의 기둥과 현대의 스피커가 조화를 이루

독일 쾰른 대성당의 기둥에 설치된
음향시설(위)
전주 전농성당의 조명시설(아래)

도록 하려고 많은 노력을 기울이고 있다는 사실을 보여주는 것이었다.

쾰른 성당의 기둥 사진과 한국 전농성당의 기둥 사진은 전통과 현대성이 어떻게 조화를 이룰 수 있는지 보여주는 상징적인 예이다. 오늘날의 기독교는 갑자기 하늘에서 떨어진 존재가 아니라 수천 년의 인간의 역사 속에 수많은 이야기를 간직하고 있다. 이는 전통이라는 이름으로 우리에게 다가온다. 전통은 젊은 세대에게는 그다지 의미 없고 오히려 극복되어야 할 권위적 대상으로 보이기까지 한다. 하지만 나를 이해하기 위해서는 나의 뿌리를 알아야 하듯이 한국 교회의 미래를 예측하기 위해서는 과거를 아는 것이 필수이다. 전통은 고리타분한 과거가 아니라 나와 교회의 몸과 피를 이루고 있는 살아 있는 현재이다.

위기의 순간에는 과거와 전통을 살펴보아야 한다. 나의 과거를 알고 현재 위치의 좌표를 찍을 수 있다면 다음 단계로 도약할 수 있는 방향을 설정할 수 있기 때문이다. 미래를 예측하기 위해서는 과거와 전통을 기억할 필요가 있다. 과거의 뿌리(Roots)와 미래로 날기 위한 날개(Wings)가 동시에 필요하다. 예배학을 가르치는 첫 수업시간에 필자는 늘 뿌리와 날개 이야기를 한다. 전통성과 현대성, 루츠 앤 윙스. 우리에겐 지켜야 할 전통이 있고 날아갈 날개가 필요하다. 이 원리는 교회의 실내 공간의 색에도 적용된다.

예전에 나타난 색

예전적 색(Liturgical Colors)은 고대 그레코로만 시대와 초기 중세에 나타났다. 최초로 예전 색상이 사용된 증거는 12세기 예루살렘에서 발견된다. 예루살렘에서는 보라색 대신 검은색을 대림절과 크리스마스이브에 사용했다. 그리고 중세에는 검은색, 보라색, 파란색을 번갈아 가면서 사용했다. 1198년에 교황으로 임명된 인노켄티우스 3세는 당시 로마 교회의 예전을 묘사한 글에서 절기에 따른 예전적 색을 소개하고 있다. 그에 따르면 흰색은 성인들을 위한 미사에 사용하고 붉은색은 성령강림절에, 검은색은 회개 기간에 사용했다. 그리고 녹색은 특별한 교회력 이외의 시기에 사용했다.

1570년 이후 로마 가톨릭은 예전 순서에 따라 보다 엄격하게 여섯 가지 색을 지정한다. 흰색, 붉은색, 녹색, 보라색을 주요 색으로, 검은색과 파란색을 보조 색으로 한 것이다. 흰색은 고난 주간을 제외하고 그리스도와 연관된 모든 주일에 사용한다. 또 삼위일체 주일과 성인 및 천사와 관련한 주일 그리고 성탄절과 부활절에서 성령강림절 이전 주일까지 주로 사용한다. 붉은색은 성령강림절부터 8일 동안과 그리스도 수난과 관련된 절기 그리고 종려주일 입장 시에 사용하고 성찬에는 사용하지 않는다. 녹색은 중립적인 색으로, 주현절로부터 일반적인 주일에 사용한다. 보라색은 회개의 상징으로 대림절과 사순절 기간에 사용한다.

1980년 영국 교회는 예전적 색의 사용에 대해 다음과 같은 권고를 했다. 성찬 때는 장식이 많이 달리지 않은 흰색이나 금색 예복을

색깔		교회력
보라색	파란색	대림절(예수 그리스도의 강림을 기다리는 시간)
흰색	금색	크리스마스이브
흰색	금색	크리스마스
흰색	금색	주현절(예수 그리스도께서 나타나심을 기억하는 시간)
흰색		주의 세례일
녹색		주현절 이후 평주일
흰색		그리스도 변모주일
보라색		재의 수요일/사순절(사순절의 첫 번째 날로, 고난과 부활에 대한 준비일이다. 이날 참회자의 머리에 재를 뿌린다.)
보라색		종려주일
보라색		세족 목요일
색 없음		성금요일
흰색	금색	부활절
흰색	금색	부활주일
흰색	금색	승천일
흰색	금색	부활주일
붉은색		성령강림절
흰색		삼위일체주일
녹색		성령강림절 이후 주일

입는다. 대림절이나 사순절 기간에는 보라색을 사용하는 게 원칙이지만 짙은 파란색에서 보라색까지 다양한 정도의 색을 사용할 수 있다. 장례식에서는 흰색이나 검은색 예복과 스톨을 사용한다.

교회력

교회력(Seasons of the Church Year)은 사실 4세기 이전에는 존재하지 않았다. 초대 교회는 예수의 재림이 바로 코앞에 다가왔다고 믿었

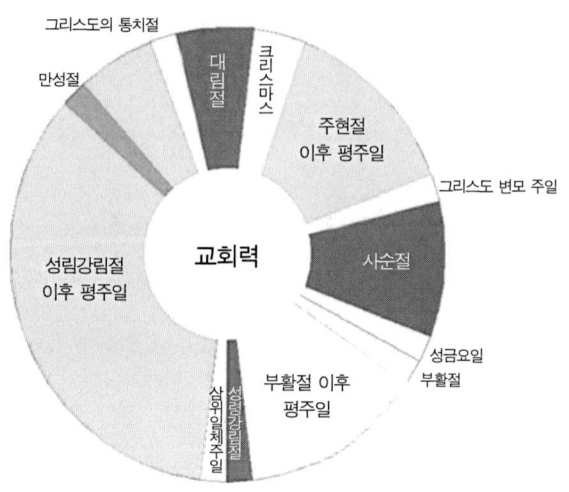

고 그들의 신앙은 철저히 종말론적이었기에 시간의 반복성과 순환성을 이야기할 필요가 없었던 것이다. 매주일이 부활의 예배이고 감사와 승리의 잔치였다. 주님의 재림을 기다리며 기쁨과 소망에 가득한 예배를 드렸다. 하지만 재림이 지연되고 콘스탄티누스 대제에 의해 기독교가 국교회로 지정되면서 이제 그리스도의 일회적 사건은 역사에서 반복적으로, 규칙적으로 기억돼야 했다. 교회력은 이런 필요에 따라 형성됐는데 니케아 공의회(325년)에서 본격적으로 주님의 날과 부활절 이외의 새로운 절기들이 등장했다.

예수의 승천일은 부활 후 40일째 되는 날이고 성령강림 주일은 부활 후 50일째 되는 날이다. 대림절(Advent)은 380년 스페인에서 1월 6일 주현절을 위한 3주간의 예비 기간으로 정해졌다가 그레고리 대제가 성탄절로부터 역으로 계산해 4주를 지키게 됐다. 성탄일 4주 전부터 장차 오실 주님을 기다리며 하나님의 구속을 맞아들일 수 있는 마음가짐을 준비하는 시기다. 7세기 후반에 와서야 예수의 재림이라는 주제가 대림절의 의미에 들어갔다. 4세기에 등장한 주현절(Epiphany)은 신의 현현을 강조하며 동방박사의 경배, 예수의 세례, 가나의 첫 기적을 기억하는 절기다. 주현절은 1월 6일부터 5주 동안 이어지며 오각형의 별과 많은 촛불 장식을 하는 시기다. 빛으로 와 십자가에서 죽으신 예수와 부활절에 다시 타오르는 빛의 역사를 기억한다는 의미다. 4세기 전반에 성탄절은 주현절에서 분리돼 로마에서 공식적으로 지켜졌다. 당시 그리스도의 미사(Christ's Mass)가 12세기에 와서 크리스마스로 불리게 된다. 이 성탄절은 12월 25일부터 1월 6일까지의 시기로 말구유에 오신 예수를 영접하는 절기다.

하지만 교회력과 관련해 중세 교회의 이탈이 문제가 됐다. 그들은 성모 마리아와 성인들의 축일을 기념하며 성모 마리아를 구원의 중재자로 교회력에 올려놓았다. 루터는 중세 교회의 미신적 요소와 각종 축일을 지키는 예전적 요소를 비판했지만 교회력을 완강히 부정하기보다 주일과 주님에 관련한 교회력만 지켰고, 존 낙스는 성모 마리아와 성자들의 축일은 물론 주현절과 성탄절마저 거부했다. 한국 교회도 종교개혁 전통을 따라 교회력을 경시하거나 부정하는 경향이 강하다. 하지만 개신교의 예전 회복 운동은 곧 교회력의 회복으로 이어졌다.

스코틀랜드 교회는 1940년 예배 모범에 따라 대림절, 성탄절, 주현절, 사순절, 부활절, 승천일, 성령강림주일, 삼위일체주일, 오순절을 준수한다. 특별히 사순절(Lent)은 참회의 수요일(Ash Wednesday)에서 성금요일까지 주일을 계산하지 않은 40일을 가리키는데, 종려

주일과 수난주일, 성주간인 고난주간(Holy week)이 이어지고 가장 엄숙한 예배와 경건한 생활분위기가 강조되는 기간이다. 부활절은 봄의 첫날(춘분)인 3월 21일 또는 만월 이후 첫 주일에 지킨다. 새로운 출발을 강조하며 세례식을 거행하고 영광송을 부르는 날이다. 오순절은 성령강림절을 기점으로 삼위일체주일을 지나 대림절 전주까지 약 6개월을 말한다. 성령 강림에 의한 교회의 새로운 출발과 성령의 역사, 은사 및 열매를 통한 교회의 삶과 관련된 절기다.

이런 교회력은 그리스도의 삶과 죽음의 이야기를 1년이라는 시간 단위 속에 스며들게 한다. 교회력은 기독교의 죽은 과거의 산물이 아니라 살아 있는 그리스도의 이야기요, 오늘날 젊은 세대가 경험해야 할 소중한 유산이다. 예배에서의 색은 인간의 눈을 편안하고 즐겁게 하기 위한 것이 아니라 하나님의 구원 이야기를 증거하는 상징이다. 이런 기독교의 소중한 유산인 색에 대해 한국 개신교회가 관심을 기울였으면 한다. 창조의 아름다움은 그리스도의 죽음과 삶을 통해 더욱 빛나고 완성된다. 그리고 그 빛은 우리의 시각을 통해 경험되고 우리의 세포 속에 각인된다.

예배에서는 현대의 삶과 고대의 상징이 동시에 드러나야 한다. 설교는 고대의 텍스트를 오늘의 상황에서 해석하는 것이다. 고대의 상징과 이야기가 현재에 말씀과 예배를 통해 재현될 때 옛것은 새로운 것을 말하기 시작하고 오늘을 조명하는 빛이 된다. 예배에서의 색은 초월성과 일상성, 거룩과 세속, 반복성과 일회성을 매개하는 중요한 상징이다. 바람이 순간순간 어디로 불지 알기 어렵지만 그 바람이 불었던 과거의 패턴은 미래를 예측하게 하는 중요한 지표이다. 바람과

캐논 채플, 미국 에모리 대학

같은 하나님의 영은 오늘도 일하고 계시고 끊임없이 우리에게 이 세계 속에서 말을 건네고 계신다. 우리는 그 성령을 사모하며 오늘도 예배를 드린다.

성령이여 오시옵소서!(*Veni Sante Spiritus!*).

11

눈과 눈물
- 예배의 이해

울고 있는 눈, 보고 있는 눈물

these weeping eyes, those seeing tears

— 앤드류 마블(Andrew Marvell)의

〈눈과 눈물〉(Eyes and Tears) 중에서

17세기 화가인 렘브란트의 작품 가운데 〈십자가에서 내려지는 예수〉 (Descent from the Cross)라는 그림이 있다. 이 작품에서 여러 여인들은 십자가 아래에서 통곡하고 있다. 그들은 처형당한 예수의 죽음을 슬퍼하며 주체할 수 없는 눈물을 쏟아내고 마리아로 보이는 한 여인은 실신하기도 한다. 여인들의 눈은 온통 눈물로 덮여 있다. 눈이 눈물 되고 눈물이 눈이 되어 눈과 눈물을 구별할 수 없다. 그들의 눈은 보기 위한 눈이 아니라 눈물을 흘리기 위한 눈인 것이다. 십자가

렘브란트, 〈십자가에서 내려지는 예수〉(1634, 캔버스에 유채, 158×117cm, 에르미타주 미술관, 상트페테르부르크)

위 예수의 고통은 어느덧 그들의 눈물 속에 스며들어 예수와 그들을 하나로 만드는 신비를 이뤄 간다. 오늘날 이 그림을 보고 있는 우리도 그들의 뺨에 흐르는 눈물 속에서 예수의 죽음을 보게 된다. 그들의 눈물은 설명할 수 없는 신비로 다가와 시대를 뛰어넘어 그들이 보고 있는 예수의 죽음을 우리도 함께 바라보게 한다.

끝없이 의심하던 철학자 데카르트를 비롯해 많은 사상가들은 이론화에만 몰두하여 세상의 아픔을 보지 못한다. 세상을 자신의 눈으로 설명하고, 이전 사상가들을 자신의 독창적인 범주와 체계 안에 위치 지우는 게 사상가들의 능력이었다. 그들은 세상을 보는 눈은 갖고 있으나 세상이 흘리는 눈물은 보지 못한다. 객관주의, 실증주의, 과학주의라는 눈을 통해 타인의 삶과 세상을 이론화하고 그 이론에 어긋나는 현실들을 과감히 비현실적인 것으로 치부해 버린다. 그들에게 현실은 이론을 위한 대상에 불과하다. 사상가들은 세상을 하나로 통일하는 이론 체계를 세우는 데 목숨을 건다. 그러나 우리 모두는 그런 체계와 사상이 제국주의와 전쟁, 인간의 폭력을 정당화하는 데 사용됐던 슬픈 역사를 기억한다. 다른 이들의 눈물을 보지 못하는 사상가의 이론은 때로 타인들의 눈물을 흘리게 하는 도구가 되기도 하는 것이다.

반대로 눈물의 사상가들이 있다. 그중 대표적인 사람이 키에르케고르다. 키에르케고르와 동시대에 살았던 사상가 헤겔은 거대한 신의 이성적 대리자인 철학자의 사유를 통해 역사를 법칙으로 설명하려 했던 야심찬 사상가였다. 반면 키에르케고르는 설명할 수 없는 신앙의 신비를 인간의 내면적 고통을 통해 소박하게 묘사하려 했다. 그의 작품 《공포와 전율》(*Fear and trembling*)은 이삭을 바치기 위해 모리아 산으로 향하는 아브라함의 눈물 속에서 그가 절대자와 사랑하는 아들 이삭을 번갈아 바라보며 갈등하고 있는 내면의 고통을 매우 섬세하게 묘사한다.

삶은 그에게 너무 많은 부조리와 모호함으로 다가온다. 그러나 그

부조리 앞에 서 있는 분은 철학적 보편자가 아닌 인격적 하나님이었다. 성 어거스틴도 《참회록》 전체를 통해 끊임 없이 울고 있다. 젊은 시절 음욕의 삶을 살다 어머니의 눈물과 기도로 다시 태어난 어거스틴은 인간의 눈 자체가 욕망의 눈이라고 주장한다. 보는 눈을 통해 욕망이 오고 보는 눈은 우리에게 시기와 탐욕, 폭력과 같은 부정적인 욕망을 가져온다는 것이다. 그리고 그는 그러한 통회의 눈물을 통해 다시 태어난다. 그에게 그리스도를 닮은 진정한 눈은 보는 눈이 아니라 눈물을 흘리는 눈이다.

예배학이 다른 학문과 차이점이 있다고 한다면 필자는 바로 이 지점이라고 생각한다. 이해할 수 없고 말할 수 없는(inefferable) 인간의 고통과 하나님의 부재(不在, absence)의 경험 속에서 하나님을 찬양하고 그 내면의 모순과 절망을 하나님께 올려 드리는 것이 예배이고 이러한 예배를 연구하는 것이 예배학이라는 학문이기 때문이다. 예배는 인간들이 삶에서 일상적으로 경험하는 자신에 대한 분노와 슬픔 그리고 세상에 대한 절망의 탄식 속에서 하나님은 어떤 분이시고 예수 그리스도를 통해 우리에게 어떻게 자신을 계시하시는지를 알아가는 장(場)이기 때문이다. 가장 강한 하나님의 현존과 영광이 오히려 그리스도의 자기 비움과 십자가의 연약함 속에서 나타나며 우리의 예배는 이를 음성적 언어(verbal language)와 비음성적 언어(non-verbal language)로 형상화하는 것이다.

단 샐리어즈의 주장처럼 우리는 인간의 고통을 단지 개인의 아픔 차원에서가 아니라 인간 존재의 필연적인 조건으로서 하나님 앞에 가져온다. 인간 존재의 필연적인 조건으로서의 고통은 하나님의 말씀

노트르담 드 퐁트코트, 프랑스 파리

과 성례가 나타나는 시간과 장소 안에서 치유와 사랑의 경험을 통해 하나의 공동체로 승화된다.16)

그곳에서 우리는 함께 노래하고 함께 먹고 마시며 하나님을 기억하고 하나님에게 기억되며, 몸으로 오신 그리스도가 하나님의 구원하시는 힘을 통해 인간의 고통의 파토스를 변화시킨다. 그 변화시키는 은혜는 하나의 새로운 파토스, 복음의 중심에 있는 하나님의 열정으로 우리를 끌어당긴다.17) 세상을 구원하는 독특한 방식을 하나님의 에토스라고 단 샐리어즈는 구분하며 인간의 고통의 파토스가 하나님의 에토스를 이해하는 길이라고 주장한다. 그러나 하나님의 파토스는 세상을 향한 그분의 눈물이며 그 파토스는 인간의 파토스를 품는 구원의 파토스이다. 하나님에게서 에토스와 파토스는 구분되지 않는다. 이는 마치 초대 교회가 그리스도의 신성과 인성을 구분하기 위해 많은 에너지를 소비한 것처럼 우리에게 불필요한 새로운 이분법을 안겨 주고 있다고 필자는 생각한다. 이는 결국 5세기 칼케돈 회의의 결론처럼 그리스도는 "완전한 신이요 완전한 인간이다"(Fully Divine, Fully Human)라는 해석되기 어려운 신비한 격언을 낳을 뿐이다. 세상을 보는 하나님의 눈은 그리스도가 예루살렘을 바라보듯이 눈물로 덮여 있는 눈이며 나사로의 죽음 앞에선 통곡하는 눈이다.

눈은 세상과 사물을 보기 위해 존재할 뿐 아니라 눈물을 흘리기 위해 존재한다. 눈으로 보는 세상과 눈물로 보는 세상 중 어느 쪽이 더 사실에 가까운지는 판단하기 어렵다. 예배에 대한 연구는 눈과 눈물이 동시에 필요한 작업이기도 하다. 해석학적으로 본다면 관찰을 위한 거리(distance)와 참여(attachment, engagement)가 동시에 충

족되어야 한다. 이는 마치 내가 나 자신에 대해 반성하듯 나를 대상화하는 동시에 대상화하는 자신이 그 대상화의 주체임을 인식하는 것이다. 철학자 한스 가다머(Hans Georg Gadamer)는 이를 "거리와 동일화의 변증법"(a dialectic of distance and identification)이라고 하며 인간이 지식과 상상력을 확장하기 위해 반드시 거쳐야 하는 과정이다. 이를 통해 경험하는 주체의 지평과 경험 대상 사이에 "지평의 융합"(fusion of horizon)이 일어난다. 거리와 참여는 이야기를 들을 때나 예전에 참여할 때 언제나 존재한다. 가다머에 따르면, "이는 참여자가 대상을 경험할 때 발생하는 구조이지 여러 다양한 경험 중의 하나가 아니다"라고 말한다.[18]

'거리두기'와 '참여하기'가 동시에 또는 번갈아 가며 일어나는 것이다. 내가 기도를 드리는 동시에 기도에 대해 분석해야 하며 내가 찬양을 부르는 동시에 찬양의 멜로디와 청중들의 변화를 민감하게 포착해야 한다. 설교를 하거나 들으면서 설교의 언어가 회중들에게 스며들고 있는지 그들의 인식에 영향을 주고 있는지를 민감하게 포착해 내야 하는 것이다. 이는 언어가 텍스트로서만 존재하는 것이 아니며 끊임없이 살아 있는 상징들 속에서 호흡하고 있다는 것을 알려주는 것이다. 설교는 텍스트로서의 의미가 아닌 살아서 움직이는 상징으로서 회중들에게 어떻게 영향을 미치는지까지도 묘사하고 분석해야 하는 것이다.

이 점 때문에 예배학은 객관적이고 과학적이고 실증적 학문이 되기 어렵다(인문학에서 객관성과 실증성은 이미 한물간 용어가 되었다). 예배학은 영광송(doxology)으로서의 일차적 신학(primary theology)

노트르담 드 퐁트코트, 프랑스 파리

의 자리에 위치해 있기 때문이다. 예배를 연구하는 자들이 예배를 드리는 자들을 대상화하여 연구하거나 예배를 권위적으로 해석하는 해석자를 넘어서서 예배 자체에 깊이 연관되어 있는(engaged) 참여자인 것이다. 예배를 연구하는 학자는 주관적인 자신의 종교적 신념과 선이해(先理解) 없이 또는 참여자들에 대한 이해와 통찰 없이 예배 자체만을 연구하기는 이미 어려운 시대에 접어들었다. 왜냐하면 연구자 자신이 이미 강한 종교적 성향과 의례적 취향을 갖고 있기 때문이다. 이러한 취향과 성향은 대상을 연구하는 과정에 깊이 개입될 수밖에 없다. 탈근대주의적 학문은 이미 연구자의 종교적 성향과 의지, 선호를 배제하는 것이 부질없는 노력임을 밝혀 왔다.

'참여'는 영어로 두 가지로 표현할 수 있다. engagement와 participation이다. 제2차 바티칸 공의회 예배문서인 〈전례 헌장〉(*Sacrosanctum Concilium*)에서 회중의 완전하고 의식적이며 적극적인 참여를 이야기할 때, 그 참여는 participation으로 이해되었다. 하지만 예배학자들의 예배 참여는 단순한 참여(participation)가 아닌 책임 있게 헌신하는 참여(engagement)로서, 회중들의 삶과 삼위일체 하나님의 거룩한 삶에 진정성 있게 개입하는 것이다.

따라서 예배를 연구한다는 것은 상당히 다층적인 분석과 묘사를 필요로 한다. 먼저, 예배가 회중에게 어떤 영향을 미치고 어떤 역동성을 통해 인도자의 관점이 재생산되고 확장되는지를 비판적으로 관찰할 필요가 있다. 이는 예배의 객관적 분석을 위해 가장 필요로 하는 작업이다. 이러한 거리두기의 관점에서 예배를 살펴볼 때, 폴 리꾀르의 "의심의 해석학"(the Hermeneutic of Suspicion)은 매우 유용한 이론이다. 폴 리꾀르는 《해석학과 인문학》(*Hermeneutics and Human Science*) 이라는 그의 저서에서 "의심의 해석학"을 주장한다.19) 그에게 "해석" 이라는 작업은 "의미의 회복"(restoration of meaning)이 아닌 "의심의 실천"(exercise of suspicion)으로 이해된다.20)

리꾀르의 이론을 예배학에 적용한다면 세 가지 측면에서 비판적 관점이 가능하다고 필자는 생각한다. 1) 인도자의 편견이나 정치적 이해가 예배의 퍼포먼스를 통해 어떻게 확장되고 있는지 비판하는 방법론이 된다. 2) 참여자의 문화에 대한 이해 없이 예배를 이해하는 것이 불가능함을 인식하게 된다. 3) 참여자가 갖고 있는 문화적 성향을 비판적으로 성찰할 필요를 자각하게 된다. 이 세 가지의 비판적 관점을 자세히 살펴보자.

첫째, 기독교의 예배를 의심의 해석학이라는 관점에서 바라볼 때, 우리는 종교적 예전이 종교의 전통적 상징과 이미지를 통해서 사회문화적 가치와 이해에 힘을 실어 주는 것을 자주 보게 된다. 종교의 상징과 이미지는 예배의 참여자로 하여금 감정을 유발하고 영향을 주기에 종종 오용되기도 한다. 마크 설(Mark Searle)은 비판적 예전학(critical liturgy)이 가져야 할 두 가지 요소를 언급한다. 먼저, 사회화의 매개로서 예전이 어떻게 작용하는지를 살펴보아야 한다는 것이다. 이는 예전에 대하여 비판적으로 성찰하는 것이다. 둘째는 예전 자체가 비판적 의식을 불러일으킬 수 있다는 주장이다. 이는 예전 자체가 비판적 실천일 수 있다는 것이다. 설(Searle)에 따르면 예전이 스스로 비판적 성찰의 기능을 상실하면 특정한 사회적·문화적·정치적 가치를 전파하는 수단이 될 수 있다는 것이다.21)

스코그스키르코가르덴 묘지공원, 스웨덴 스톡홀름

예배를 통해 교회 제도와 체계가 그 회중들을 사회화할 수 있고 그러한 과정을 통해 기존의 사회적 체제와 가치를 그대로 유지 전달하는 수단이 될 수도 있다. 예를 들어, 똑같은 예배도 사회적으로 소외된 사람과 사회적으로 권력을 갖고 있는 사람에게 그 의미가 다를 수 있다. 로널드 그라임스(Ronald Grimes)는 그의 저서, 《제의 비판》(*Ritual Criticism*)에서 무의식적 동기, 전제들, 선입견 그리고 판단에 주목한다. 그라임스는 종교 제의를 이해함에 있어서 윤리적·도덕적·미학적 기준을 수용한다. 이러한 기준을 통해 종교 제의 안에 감추어진 정치적 의미나 전수된 의미가 드러난다.22)

예전적 퍼포먼스에 비판적인 거리와 관점을 유지할 때 종교 예전이 갖고 있는 이러한 어두운 측면이 수면 위에 떠오르게 된다. 예전적 경험을 비판적으로 바라볼 때, 사회적·정치적 의미와 영향이 드러나고 예배 경험을 통해 진정 경험되어야 할 진리가 감추어지지 않게 될 것이다. 종교가 갖는 수동성과 전통성으로 인해 비판적인 질문을 던지는 것을 주저하거나 진지한 사고를 하는 것을 두려워한다면 우리의 예배 경험을 정치적·문화적으로 오용될 가능성을 늘 안고 있을 수밖에 없다. 예전의 퍼포먼스가 어떤 의미를 생산해내고 그 결과적인 효과가 어떠한지를 연구하기 위해 의심의 해석학을 차용해야 한다. 이를 통해 우리는 참여자의 문화적 이미지와 언어, 성향이 어떻게 그들의 종교 예전의 의미와 그 결과에 영향을 주는지를 관찰할 수 있다.

톰 드라이버(Tom Driver)는 그의 글 "행동 그 자체: 종교 예전의 폭력성의 뿌리를 찾아서"에서 예전이 갖는 개념, 상징, 신화의 요소보다는 예전의 실제적 퍼포먼스에 더 초점을 맞춘다. 드라이버에 따르면 종교의 개념, 상징, 신화와 같은 서술적 측면은 실제적인 예배와 같은 종교 행위들에 대한 실천에서 발생한다.23) 종교 예전의 경험은 매우 복잡하다. 그렇기에 그것이 단순히 사회적 행동만을 반영한다고 여겨서는 안 되며 인간의 복잡성(complexity)에 대한 해석학에 근거해 평가해야 한다. 예를 들어, 생각과 기억, 감정과 상상 같은 인식의 모드는 의미들의 내적·외적인 전달자로서 예전의 경험에서 중요한 역할을 담당한다. 사고와 감정 같은 모든 심리적 과정들이 예전 경험에 관한 해석에서 중요한 역할을 한다. 예전은 거룩한 사물들과 상징들, 이미지들, 그 밖에 여러 비언어적인 요소들을 통해 강력한 감정이 형성되고 예전 참여자들의 해석에 영향을 미치게 된다.

사회과학자들은 종교 예전이 특별히 예배에서뿐 아니라 매일의 일상적 삶 속에서 사회적 현상으로서 어떻게 기능하는지에 대해서 관심을 가졌다. 그들은 매우 중요한 주제들을 제기하였다. 그러나 살아 있는 사람들과 공동체의 행위를 관찰하는 것에서 두 다른 현상 사이에 원인/결과의 관계를 형성하는 것이 얼마나 어렵고 동시에 위험한가를 보아 왔다. 이것이야말로 우리가 왜 예배와 그 효과를 연구하는 데에 경험적이고 비판적인 탐구를 해야만 하는 이유이다. 이러한 비판적 성찰을 통해서 종교 예전은 그 예전을 통해 재생산될 수 있는 그들 자신의 욕망과 내포된 의미가 드러날 수가 있다.

한국 기독교의 예배를 이러한 의심의 해석학의 관점에서 바라본다면, 지난 수십 년 동안 외형적·물질적·가시적·자본주의적·성공주의적·자아 중심적 종교의 모습을 보여 왔음을 부인할 수 없다. 목회자 자신의 가시적 성공에 대한 욕망은 선교와 부흥이라는 거룩한

떼제 공동체, 프랑스

사명으로 기만되거나 종종 혼동되어 왔다. 역사적으로 기독교는 제도화와 권력화를 비판하고 스스로 비제도적인 형태를 유지하고자 하는 요구를 끊임없이 해왔던 종교인데도, 한국에는 여전히 대형 교회만 존재한다. 대형 교회와 대형 교회가 되고 싶어하는 교회들, 형태적 대형 교회와 잠재적 대형 교회가 그 두 유형이다. 목회자와 교인의 욕망과 세속적 성공에 대한 의지가 교회의 거룩한 사명으로서의 선교와 부흥과 결합해 성장의 원동력이 되어 온 것도 부인할 수 없다.

이는 여러 가지 부작용을 낳았는데, 그중에 하나는 종교의 자판기적 기능화이다. 종교는 동전을 넣으면 상품이 나오는 자판기가 아니다. 종교는 모든 세상의 문제에 대해 즉흥적으로 답할 수 없다. 답을 주고 무리하게 적용하는 가르침은 성도들을 수동적이고 유아적으로 만든다. 설교나 예배가 회중들이 직면하고 있는 모든 문제들(재정, 인간관계, 자녀교육 등)에 대하여 대답을 주어야 한다고 많은 목회자들이 생각한다. 언제든지 회중에게 즉흥적이고 설익은 정답을 주는 설교자와 그러한 리더에 대한 의존성은 결과적으로 그 미성숙성으로 인해 교회에 독이 되어 돌아온다. 지나친 권력과 제도에의 의존은 극단적인 권위의 해체와 종교에 대한 비난을 가져오는 것이다.

대부분의 개신교 예배가 순서 맡은 사람이 여럿임에도 불구하고 참여자 중심이 아닌 인도자 중심인 것처럼 보이는 이유 중 하나는 회중이 앉고 일어서는 것 이외에 다른 동작을 하지 않기 때문이다. 이는 예배가 갖고 있는 육체적 경험의 측면, 예를 들어 손은 맞잡고 인사하거나 손을 든 채 기도하고, 무릎을 꿇고 참회의 고백을 드리고, 서로 안거나 악수하며 평화의 인사를 나누고, 아픈 자를 위해 안수 및 중보 기도를 하고, 앞으로 나와 성찬을 받는 등 몸의 사용을 한국 교회가 극도로 제한하고 있기 때문이기도 하다. 이런 점에서 몸짓과 자세, 회중의 동작과 인도자의 동선을 회중의 관점에서 바라보며 예배를 재구성하는 것은 의미가 있다.

예를 들어 예배가 시작될 때 예배 인도자와 순서를 맡은 사람들(성가대 지휘자, 반주자, 말씀 봉독자, 봉헌 담당자, 기도 담당자, 설교자 등)이 예배당 뒤편에서 입례송과 함께 앞으로 나아가는 것은 모든 성도와 함께 하나님 나라로 입성한다는 신학적 상징성을 갖는다. 물론 이런 예배가 되려면 순서를 맡은 사람들과 성도들이 각 순서가 갖는 신학적 의미를 이해하고 있어야 한다.

12

예배 문화의 수용

로르나 아브레이(Lorna J. Abray)는 *The People's Reformation: Magistrates, Clergy, and Commons in Strasbourg, 1500-1598*(평신도의 종교개혁)이라는 저작에서 "16세기를 살았던 평신도들에게 종교개혁은 무엇을 의미했을까?"라는 질문을 던진다. 그는 16세기 스트라스부르라는 특정한 시공간에서 평신도들이 사회적·종교적 삶과 종교개혁운동을 어떻게 이해했는지를 살펴본다. 이 책은 교회와 개인의 신앙 고백, 전문가의 신학과 평신도의 예배 경험, 사제의 가르침과 평신도의 종교 생활 사이에 존재하는 복잡성과 모호성에 대해 설명하고 있다. 또 역사적 관점에서 평신도들이 그들의 삶에 교리를 어떻게 적용하는지, 사회적 환경과 교리가 어떤 관계에 있는지를 조명했다.24)

아브레이가 내린 결론에 따르면 당시 미신과 정통성은 분리하기가 매우 어려웠고 스트라스부르 주민들의 종교는 하나의 미신 덩어리였다. 사제 혹은 신학자가 종교의 기본 지침과 예배의 조직화된 형태를 아무리 잘 가르쳐도 회중은 그것에만 제한되지 않는다는 것이다. 특정한 장소와 시간의 예배 경험이 신학자의 규범적인 이해나 해석과 다를 수 있다는 것은 굳이 역사를 거슬러 올라가지 않아도 우리 주변에서 늘 일어나고 있는 현상이다.

따라서 의심의 해석학은 연구자 자신이 갖고 있는 문화적 성향을 비판적으로 성찰하도록 한다. 연구자의 컨텍스트 연관성은 최근 문화인류학이 가장 깊이 다루고 있는 문제이며 특정한 문화권의 공동체를 이해하는 데 중요한 주제이기도 하다. 제임스 클리포드(James Clifford), 조지 마커스(George Marcus), 마이클 피셔(Michael Fisher), 스테폰 타일러(Stephen Tyler), 레나토 로살도(Renato Rosaldo) 등과 같은 해석적 인류학자들은 문화구조(cultural system)로부터 의미와 저자권(authorship)으로 관심을 이동한다.25) 그들은 "표현의 위기"라는 표현을 사용하는데, 이는 전체를 아우르려는 인류학자의 열망이 표현의 위기로 나타난다는 것이다. 마치 자신의 눈으로 세상을 거만하게 바라보며 이론을 제시하려는 근대주의적 사상가들의 태도가 인류학에서도 표현의 위기를 가져 왔다는 것이다. 아프리카나 남아시아와 같은 알려지지 않은 지구촌 구석에 들어가 그들의 언어와 가족관계, 행동양식을 연구하며 그들만의 문화적 시스템을 이론화하려는 전통적인 인류학의 태도를 비판한 것이다.

클리포드, 마커스, 피셔, 타일러는 연구 지역에서 그들에게 더 이상의 모범적인 권위는 존재하지 않는다고 주장한다. 이 인류학자들은 민족지학자들의 한계와 권력 불균형이 그들의 민족지학적 글쓰기 안에 내재되어 있다고 말한다. 그들은 글쓰기의 "관찰자-피관찰자"의 일방적 관계를 거절하는 대신 협력적으로 이야기를 만들고 대화를 통한 상호적 생산을 제안한다.26) 이들은 이렇게 질문한다. 우리는 우리가 아는 것을 어떻게 알고 있는가? 민족지학에서 문화의 차이가 어떻게 표현되고 있는가? 클리포드에게 민족지학적 글쓰기는 항상 자기-표현(self-fashioning)의 방식이다. 왜냐하면 타인에 대해 글을 쓴다는 것 자체는 독특한 담화적 실천을 통해 타자와 자기 자신을 형성해 가는 과정이기 때문이다.27)

문화적 역동성을 관찰하기 위해 민족지학자와 현지인이 대화적 관계 속에서 함께 작업하는 것처럼, 예배학자들도 예배 참여자가 그 예배 가운데에서 어떤 일이 일어나고 있는지를 말할 수 있도록 기회를 주어야 한다. 어떻게 참여자들이 그 스스로를 이해하고 그들의 경험을 표현하는지를 관찰하는 것은 예배학자들에게 매우 중요하다. 왜냐하면 종교 경험과 행위는 단순히 글 쓰는 이의 이성적 범주로 환원될 수는 없기 때문이다. 나아가 의미라고 하는 것은 언제나 누군가의 의미이고 참여자들의 경험을 그들 자신의 언어로 표현하는 것은 그들에게 그러한 경험이 어떤 의미를 갖는지를 이해하는 데 매우 중요하다. 그들이 예배에서 행하고 있는 경험을 그들 스스로는 어떻게 생각하는지를 이해하는 것이다.

같은 맥락에서 예전학자인 존 발도빈(John Baldovin)은 '기도하기'(praying)를 '기도'(prayer)와 구분한다. 기도하기는 고정된 텍스트로서의 기도문 위의 기도의 행위적 요소를 강조한다. 발도빈은 성찬 기도문을 텍스트로서의 기도가 아닌 '기도하기'(praying)라고 부른다.

성 닛사의 그레고리 성공회 교회, 미국 샌프란시스코

그는 각각의 상황에서 텍스트가 어떻게 이해되었고 실행되었는지에 관심이 있다. 다시 말해 어떻게 텍스트가 특정한 문화적·사회적·종교적인 맥락 속에서 상호 영향을 주고받는지를 파악하는 것이다. 텍스트 자체는 고대의 세계에서 실제적으로 일어난 현상의 증거는 아니다. 오히려 그들의 교리적·신학적 패턴 또는 구조에 따라서 형성되어 온 예전적 전통이 어떻게 다른지를 이해하는 하나의 참고자료라는 것이다.28)

폴 브래드쇼(Paul Bradshow)도 텍스트를 "살아 있는 문헌"(living document)이라고 부름으로써 이러한 텍스트의 성격을 강조한다. 텍스트는 그대로 유지되기 위해 복사되는 것이 아니라 상황과 장소에 따라서 변화와 수정이 불가피하며 다른 예배의 상황에서는 매우 다른 모습으로 나타난다. 브래드쇼는 모든 시대를 관통하는 예배의 변하지 않는 깊은 구조가 존재한다고 생각하지 않는다. 그는 예전 신학이 실제적 실천을 무시하고 진정한 예배의 패턴을 복구하려는 경향이 있는데, 이러한 정통성을 추구하는 예전 신학은 추상화된 이상적 패턴을 통해 보편성을 얻는 과정에서 기독교인들의 신앙과 삶의 독특성을 상실한다고 비판한다.

그러나 예전의 이상화된 패턴이나 규범적 패턴은 로맨틱한 비전에 불과히다. 브래드쇼에 따르면 역사적 연구의 결과는 예전의 실천에 있어서 지속성이 존재한다는 증거가 없다고 말한다. 우리가 초대교회의 예배에서 찾을 수 있는 것은 예전의 다양하고 다가치적인 형태이다. 기독교의 최초의 3세기 동안 다양한 교회에서 형성된 공통적인 예배의 패턴이 존재했다는 증거는 없다. 오히려 예배의 획일성은

성 요한 교회, 미국 미네소타

기독교 예배의 나중에 생겨난 경향이란 것이다. 이러한 예전학자들의 로맨틱한 비전은 4세기의 예전을 기독교 예배의 정통성 있는 패턴으로 받아들인 결과일 뿐이라는 것이다. 이러한 학자들의 문제는 지나치게 빨리 묘사에서 해석으로 갔다는 것이다. 브래드쇼는 하나님이 인간에게 오직 하나의 예배 방식을 원한다고 생각할 필요가 없다고 주장한다. 예배는 거룩한 측면을 갖고 있는 동시에 인간의 작품이기 때문이다. 이런 의미에서 예배 전문가가 이론을 들이대며 예배 현상을 분석하는 것은 한계가 있다.

그 이유는 예배의 정통성을 주장하는 기준은 학자마다 그리고 교파마다 너무 다르기 때문이다. 예를 들어, 루터교 예전학자인 고든 래스롭(Gordon Lathrop)은 《거룩한 사물》(*Holy Things*)이라는 그의 저술에서 기독교 예배에 있어서 규범성(Normativity)을 강조한다. 그는 기독교의 예배를 이해하기 위해서 예전 신학의 중심에 있는 알렉산더 슈메만의 통찰력 위에 자신의 신학을 정립한다. 특별히 '오르도'(Ordo)란 개념을 사용하는데 슈메만은 오르도란 동방교회의 매우 정형화된 예배 순서라고 정의한다.29) 슈메만에게 오르도는 예배에서 우연적이고 시간적인 요소들과 구별되는 불변하는 원리 또는 지시문, 규칙 같은 것이다. 그러나 레스롭에게 오르도는 모든 시대에 걸쳐 크리스친들을 연합시킬 수 있는 예배의 형태이면서 제의 순서를 의미한다. 오르도는 정해진 시간에 어떤 본문을 읽고 어떤 기도를 드리는지를 말하는 예배의 안내서가 아니라 그러한 예정성의 배후에 있는 어떤 전제나 구조를 의미한다. 오르도는 예배에서 일어나는 현상만이 아니라 하나님과 세상, 인간에 대한 이해의 구조를 포함하는 것이다. 예를 들면 예배는 일주일이라는 시간 단위 속에서 제8일에 나타난다. 찬양과 기도, 세례교육과 세례 등과 같은 사이에도 이러한 건설적 긴장이 존재한다.30) 예배의 규범성(Normativity)과 오르도(Ordo)의 중심성을 변호하면서 노트르담 대학의 예전학자 맥스웰 존슨(Maxwell Johnson)도 전해진 전통을 바탕으로 고전적이고 정통성(Orthodoxy)이 있고 진정성(Authenticity)이 있는 예배의 문화초월적인 오르도가 있다고 주장한다.

그러나 제임스 화이트(James White)에게는 보편적인 오르도나 규범이란 존재하지 않는다. 예배의 경험과 형태는 모인 회중들의 역사적·문화적 상황에 따라서 상대적이다. 따라서 화이트는 예배 신학은 지시적이거나 규범적이기보다는 묘사적(descriptive)이어야 한다고 주장한다. 분명히 화이트의 주장은 기독교 예배의 교과적 형태와 경험들의 다양성을 일깨워 주고 규범성에 대해서 다시 생각하게 만든다. 그는 과연 '규범성'이란 것 자체가 있는지에 대해 생각하게 한다. 나아가 서로 다른 예배의 전통, 예를 들어 동방정교회, 로마 가톨릭, 루터교, 성공회, 장로교 등을 모두 포괄하는 구체적 규준을 만든다는 것이 얼마나 어려운지도 알려준다.

이러한 예전학자들의 연구 결과는 예전과 성례가 회중들에게 어떠한 영향을 직접적으로 미치는가를 사회학 또는 문화인류학적 접근을 통하여 설명하는 현대의 경향과 깊은 관계가 있다. 흔히 성도들이 예배를 마친 뒤, 설교자나 인도자에게 "은혜 많이 받았습니다"라고 표현한다. 예배의 참여자는 예배를 통해서 삶의 새로운 의미를 찾거나 다른 의미를 발견할 때 예배의 효과가 있었다고 말한다. 그러나

때로는 참여자들의 개인적인 문제(건강, 재정, 자녀교육 등)는 여전히 존재하지만, 예배를 경험한 후에 동일한 문제에 대한 참여자들의 인식이 동일하지만은 않다는 사실이다. 이것을 변화(change) 또는 변형(transformation), 그 어떤 것으로 부르던 간에, 예전의 의미와 효능은 예전의 참여자들이 처한 문화적이고 종교적 상황에 근거한다고 볼 수 있다.31) 이는 종교 예전의 효능(efficacy)이 참여자의 주관성이나 종교 예전의 전통이나 역사가 갖고 있는 객관성에만 일방적으로 의존하지 않는다는 것을 보여준다. 때로 변형되는 것은 참여자들의 인식 또는 특별한 종교적인 경험에 대한 이해와 창조된 그들 스스로의 인식이다. 토마스 초다스(Thomas Csordas)는 예전의 목적은 "신성함이 현상학적으로 구체화된 육화된 존재로서의 한 인간의 변형"이라고 주장한다.32) 같은 맥락에서 셰리 오르트너(Sherry Ortner)도 다음과 같이 말한다.

> 예전에서의 상징적 사물은 항상 "실재"(reality)를 기억하는 것과 동시에 자신(self)을 기억하는 것의 두 요소를 토대로 작용한다. 두 요소 모두 서로가 각각의 요소의 경험에 의존한다. 실재의 어떤 시각은 자신의 또 다른 어떤 경험으로부터 나온다: 자아의 감각 역시 실재의 어떤 경험으로부터 나온다.33)

훌륭한 예전 문헌과 음악과 설교가 있지만 예배의 현장은 역동성이 떨어지는 느낌을 받는 경우가 많다. 반대로 설교나 음악이 그다지 훌륭하지 않은데도 강한 역동성이 느껴지는 예배가 있다. 여기서 '역동성'이라 함은 흥분이 고조된 감정 상태라기보다 초월적 대상에 대한 경험 혹은 초월자와의 만남을 통해 일어나는 자기 성찰적 행위의 표현을 의미한다. 우리의 과제는 새로운 예배 텍스트를 만드는 것이 아니라 이미 잘 다듬어진 텍스트를 살아 있게 만드는 것이라 할 수 있다.

따라서 최근에는 예배를 이해하는 데 있어 학자나 전문가가 가르치는 예배의 본질에 초점을 맞추기보다 예배 참석자의 해석과 이해를 적극 수용하는 방향으로 나가고 있다. 또 참여자가 하나님을 어떤 방식으로 깊게 경험하며 인식의 변화를 이루어가는지에 예배의 초점을 두고 있다. 이는 회중의 적극적인 참여와 경험을 강조하고 고정된 예

윌로우크릭 교회, 미국 시카고(위)
캐논 채플, 미국 에모리 대학(아래)

식의 행태보다 자율성을 인정하는 것이다. 또 참여자의 사회·문화적 상황에 따라 예배가 해석되고 변화됨을 인정하는 것이다.

종종 우리는 서로 다른 지리적·환경적·문화적 조건의 두 교회가 똑같은 텍스트와 똑같은 패턴의 예배 순서를 사용하더라도 예배를 드리는 공동체가 달라지면 전혀 다른 예배의 역동성과 의미를 갖게 되는 것을 목격한다. 미국의 월로우크릭 교회나 새들백 교회의 구도자 예배를 벤치마킹한 한국 교회의 예배가 그들의 예배와 전혀 다른 느낌과 경험을 갖게 한다는 사실은 무엇을 의미하는가. 사실 회중들이 예배 안에서 어떤 경험을 하였는지는 전문가가 잠시의 예배를 경험하고 돌아간다고 이해될 수 있는 성격은 아니다. 오히려 오랜 시간 그 교회의 역사와 성도들의 삶 속에 스며 있는 그들의 아픔과 고민을 경험하며 성도들과의 심층적 만남을 통해서만이 가능하다.

하나님을 예배하는 행위는 하나님에 대한 믿음을 교리적으로 표현하는 것을 넘어 우리의 믿음을 형성하고 만들어 간다. 이는 5세기 레오 대제의 비서였던 수사 아키텐의 프로스퍼(Prosper of Aquitaine)가 이미 언급한 "기도의 법이 믿음의 법이다"(*Lex Orandi, Lex Credendi*)34) 라는 격언과 깊이 관련되어 있다. 즉 예배의 경험은 교리적 해석을 단순히 반복하는 것이 아니라 오히려 참여자의 믿음을 형성한다는 것이다.

톰 드라이버(Tom Driver)는 그의 글 "행동 그 자체: 종교 예전의 폭력성의 뿌리를 찾아서"에서 예전이 갖는 개념, 상징, 신화의 요소보다는 예전의 실제적 퍼포먼스에 더 초점을 맞춘다. 드라이버에 따르면 종교의 개념, 상징, 신화와 같은 서술적 측면은 실제적인 예배와

같은 종교 행위들에 대한 실천으로부터 발생한다.35)

종교 예전의 경험은 너무 복잡해서 단순히 사회적 행동만을 반영한다고 보아서는 안 되며 인간의 복잡성(complexity)에 대한 해석학에 근거해 평가되어야 한다. 예를 들어, 생각과 기억, 감정과 상상 같은 인식의 모드는 의미들의 내적·외적인 전달자로서 예전의 경험에서 중요한 역할을 담당한다. 사고와 감정 같은 모든 심리적 과정들이 예전 경험에 관한 해석에서 중요한 역할을 한다. 예전은 거룩한 사물들과 상징들, 이미지들, 그 밖에 여러 비언어적인 요소들을 통해 강력한 감정을 형성하고 예전 참여자들의 해석에 영향을 미치게 된다. 퍼포먼스 이론이 중요한 이유는 예배가 죽은 텍스트가 아닌 살아 있는 인간의 움직임이기 때문이다.

부 록

닛사의 그레고리 성공회 교회 예배 소개

미국 북캘리포니아에 자리 잡은 매우 특징적인 교회의 주일예배를 소개하고자 한다. 바로 닛사의 그레고리 성공회 교회(St. Gregory of Nyssa Episcopal Church)다. 교회는 1978년에 샌프란시스코에 세워졌는데 현대 성공회 중에서도 독특한 예배 형식을 갖고 있는 교회로 잘 알려져 있다. 예배 공간은 동양과 서양 그리고 아프리카에 이르는 이국적 문화로 정렬되어 있고 회중들은 예배의 음악과 춤을 통해 문화적 다양성을 경험하게 된다. 문화는 다양하지만 한 분 하나님을 예배하고 있다는 메시지를 강하게 지니고 있다.

    4세기 그리스 주교였던 닛사의 그레고리는 그의 책, 《모세의 인생》에서 이렇게 말했다. "가장 가치 있는 한 가지는 하나님의 친구가 되는 것이다." 비록 그레고리가 예배에 대해서는 별다른 언급을 하지 않지만 이 교회는 하나님과 인간의 관계를 친구의 우정으로 상징하며 그 안에 있는 신비하고, 진보적이며 통전적인 경험을 격려한다는 점에서 닛사의 그레고리의 신학을 예배 속에서 실천하고 있다.

동쪽에서 바라본 교회의 모습(위)
닛사의 그레고리의 책《모세의 인생》을 바탕으로 한 성화 〈불타는 떨기나무〉가 그려져 있는 출입문(아래)

성만찬 테이블은 D자 모양이다. 이것은 인도자가 테이블 전체에 쉽게 이를 수 있고 모든 이들이 성만찬 테이블 가까이 모여 기도하고 음식을 나누었던 3세기의 모형을 따른 형태이다.

먼저 닛사의 그레고리 성공회 교회의 주일예배 순서에 대해 살펴보겠다. 이 교회의 예배는 모든 연령과 문화에 걸친 초교파적인 예배를 드리고자 하는 갈증과 특히 현대 예전에서 강조하는 회중의 참여를 중시하는 특징이 있다. 예배의 공간 구조는 똑같은 크기의 두 장방형의 공간이 나란히 마주하고 있는 점에서 초기 동방 시리아 교회의 구조를 따르고 있다.

위의 사진에서 의자가 정렬되어 있는 공간은 웨스턴 스퀘어(Western Square)라고 불리고, 의자는 중간의 복도를 중심으로 서로 마주보고 있다. 이 공간은 설교를 중심으로 하는 예배 공간이다. 이스턴 스퀘어(Eastern square)는 중간에 성만찬 테이블만 놓인 열린 공간이고 이곳에서 회중들은 함께 먹고 감사하며 춤춘다. D자 형으로 된 테

이블은 예수 시대의 저녁식사 테이블과 같이 사람들을 테이블로 초대하여 둘러싸며 고대의 하인이 손님들을 섬긴 것처럼 잘려나간 부분에 성만찬 인도자가 서서 회중들에게 주님의 잔과 빵을 나누어 준다. 인도자는 회중들과 대칭으로 서는 것이 아니라 그들 가운데 서서 말씀을 전한다. 인도자는 그 얼굴이 동쪽을 향하도록 되어 있고 이는 하나님 나라의 성만찬 축제와 연합하며 예수를 맞이하는 의미를 담고 있다.

예배는 이스턴 스퀘어에서 새로 온 사람들을 환영하며 서로서로 인사시키며 인도자가 "예수는 부활하였습니다. 예수는 부활하였습니다"라고 외치며 시작된다. 시작 전에 예배 중 사용하는 예배 음악을 미리 연습하는 시간을 갖는데, 이는 회중들을 예배 안으로 깊숙이 참여시키고자 하는 데 목적이 있다. 연습이 끝나면 모은 회중은 함께 '알렐루야'를 찬양하며 의자가 정렬된 방으로 가서 앉는다.

예배는 말씀의 예전을 위해 축복하며 성서가 놓인 단에 초를 밝히는 것으로 시작한다. 유대교의 전통을 연상시키는 쉐마와 성공회의 전통적 찬송과 현대의 가스펠송을 섞어 찬양하며 평신도가 말씀을 읽는다. 이때 복음서는 독창이나 합창으로 낭독된다. 말씀 봉독은 2분간의 긴 침묵으로 이어지며 이때 시작과 끝을 알리는 종을 울린다. 이어서 찬양을 함께 부르는데 곡 선정은 주어진 성서의 말씀과 일치하는 것으로 한다. 말씀과 기도 그리고 찬양의 선택은 절기에 맞게 이루어진다. 그러나 지나치게 새로운 멜로디를 자주 예배에서 사용하는 것을 피하기 위해 한 곡을 두세 주 계속해서 반복한다. 다음으로 설교자의 설교가 시작되는데, 설교는 개인적인 경험을 통한 적용까지를 포함한다. 말씀 후에 세 번째의 침묵이 이어지며, 이때 특이한

점은 침묵 후에 회중들이 말씀에 대한 반응으로 자신들의 경험을 함께 나누는 것이다.

이는 질문이나 논쟁의 시간을 의미하는 것이 아니라, 성령이 교회 자체의 삶 속에서 말씀하시도록 함으로써 설교를 완성하려는 것이 목적이다. 설교를 마친 설교자는 회중들에게 감사를 표현하고, 복음서를 들고 회중 앞으로 다가서서 회중들로 하여금 말씀을 통해 말씀하시는 그리스도를 경외하는 몸짓을 표현하도록 이끄는데, 이때의 몸짓은 성경에 손을 대거나 입을 맞추는 행위들이 포함된다. 이는 에티오피아 기독교의 예배 전통이기도 하다.

　광고가 끝난 뒤, 주기도문을 함께 암송하고 나면 중보기도를 드린다. 중보기도 제목은 회중들이 그 자리에서 요청하며 각각의 중보기도는 주기도문 송영으로 회중들에 의해 화답된다. 중보기도를 마치면 설교자가 그날 정해진 기도문을 읽는 것으로 기도 시간을 마친다.
　기도 시간 후에 인도자는 회중들을 빈 공간인 이스턴 스퀘어로 인도한다. 이곳에서 회중들은 인도자의 지시에 따라 춤추는 스텝을 배운다(세 번은 앞으로 한 번은 뒤로 하는 스텝). 한 손으로 앞사람의 오른쪽 어깨를 잡고 모두 함께 성만찬 테이블을 중심으로 돈다. 회중들의 춤은 강력하고 원초적인 매개이다. 회중의 춤은 아직도 에티오피아와 대다수의 동방교회에 의해 보존되고 있다.

그러고 나서 평화의 인사를 나눈다.

평화의 인사를 나누는 동안 인도자는 빵과 포도주를 테이블 위에 놓는다. 그리고 모두를 주의 만찬으로 초대한다. 초대 교회와 같이 기도와 평화의 인사 그리고 만찬으로 자연스럽게 연결되는 것이다. 회중들은 성만찬 인도자가 진행하는 것을 지켜보는 것이 아니라 함께 어울려 만찬에 참여한다. 인도자가 성만찬 감사의 기도(Anaphora)를 드리는 동안 회중들은 두 손을 높이 들고 고대의 유월절 노래를 함께 부른다. 이어서 인도자는 모두를 만찬으로 초대한다. 동방교회의 전통에 따라 빵과 포도주를 나누어 줄 때 참여자의 이름을 가슴의 명찰을 보며 하나하나 부른다. 이때 아이들도 함께 참여하여 성찬을 받는다.

　빵을 자르고 나누는 행위는 그리스도를 서로서로 나누는 의미이다. 성찬에서처럼 삶 속에서도 그리하는 것이다. 인도자는 닛사의 그레고리 신학을 따라 모든 잃은 자들과 억압당하는 자들에게 구원이 임할 것을 선포한다. 하나님께서 우리를 위해 하신 일에 대해 감사하며 헌금을 성만찬 테이블 위에 놓는다.

　헌금 이후에 다시 함께 찬양하며 테이블 주위를 드럼의 박자에 맞추어 춤을 추며 돈다.

　성만찬 테이블 위에는 커피와 케이크가 놓이며 그 성만찬 자리는 연이어 만찬으로 이어진다. 성만찬에서 다 소비하지 못한 빵과 포도주도 함께 만찬에서 사용한다. 이는 성만찬과 만찬을 연속으로 연결해 성만찬이 교회뿐 아니라 지역공동체의 중심임을 신학적으로 상징하는 것이다. 이것으로 주일예배의 대단원을 내린다.

주

1) Don E. Salliers, "Human Pathos and Divine Ethos," Dwight W. Vogel, ed. *Primary Seources of Liturgical Theology* (Minnesota: The Liturgical Press, 2000), 281.
2) Don E. Salliers, "Human Pathos and Divine Ethos," 283.
3) Don E. Salliers, "Human Pathos and Divine Ethos," 282.
4) 데이비드 파워는 탄식과 탄식 가운데서 경험하는 하나님의 임재에 대하여 영원히 지워질 수 없는 예배로서 홀로코스트의 예배에 대하여 북미예전학회에서 연설했다. Gordon W. Lathrop, "Word Meets Ritual," in Dwight W. Vogel, Ed. *Primary Sources of Liturgical Theology*, 219-221.
5) 단 샐리어즈, 김운용 역, 《거룩한 예배: 임재와 영광에로 나아감》(예배와 설교 아카데미, 2010), 59.
6) 위의 글, 38-42
7) Jürgen Moltmann, *The Trinity and the Kingdom: the Doctrine of God* (Minneapolis: Harper Collins, 1991), 80.
8) Joyce Ann Zimmerman, "Paschal Mystery - Whose Mystery?: A Post Critical Methodological Reinterpretation, Dwight W. Vogel, Ed. *Primary Sources of Liturgical Theology*, 312.
9) David N. Power, "Ritual and Verbal Image," Dwight W. Vogel, Ed. *Primary Sources of Liturgical Theology*, 180-190.
10) P. Bourdieu and J. B. Thompson, *Language and symbolic power* (Cambridge, Mass.: Harvard University Press, 1991), 113.
11) Yehezkel Kaufmann, *The Religion of Israel* (Chicago: University of Chicago Press, 1960), 303-305.
12) 데이비드 카(David Carr)의 글을 직접적으로 인용하면 "'subjectivity is essentially intersubjectivity and the narrative structures of individual experience hold a genuine "trans-individual subject," a "we." Though the life of this community involves a "different temporality" than that of the individual, "the difference is clearly one of content, not of form." David Carr, *Time, Narrative, and History* (Bloomington and Indianapolis: Indiana Univ. Press, 1986), 166.

13) 레나토 로살도, 《문화와 진리: 사회분석의 새로운 지평을 위하여》(아카넷, 2000), 171-172.
14) 1. archaic: instrumental, 2a: of, relating to, or arising in a bodily organ b: affecting the structure of the organism, 3a: of, relating to, or derived from living organisms 〈organic evolution〉 b: relating to, being, or dealt with by a branch of chemistry concerned with the carbon compounds of living beings and most other carbon compounds. Merriam-Webster Dictionary, http://www.merriam-webster.com/dictionary/organic
15) 이머징 워십은 자칭 은사주의 예배의 다음 세대(Post-Charismatic)와 예전적 예배의 다음 세대(Post-Liturgical worship)로서 즉흥성(Immediacy)과 자율성(spontaneity)을 존중하며 기존의 고정된 기도와 예전의 형태를 취하면서도 이를 뛰어넘는 시도를 한다.
16) Don E. Salliers, "Human Pathos and Divine Ethos," Dwight W. Vogel, ed. *Primary Seources of Liturgical Theology* (Minnesota: The Liturgical Press, 2000), 281.
17) Don E. Salliers, "Human Pathos and Divine Ethos," 283.
18) Hans Georg Gadamer, *Truth and Method* (New: York: Continuum, 1975), 63.
19) Paul Ricoeur, *Hermeneutic and the Human Science*, ed. John B. Thompson (Cambridge: Cambridge University Press, 1978), 34.
20) 위의 글, 64.
21) Mark Searle, "The Pedagogical Function of the Liturgy," Worship: 55: 4 (1981), 349.
22) Ronald Grimes, *Ritual Criticism* (Columbia, SC: University of South Carolina Press, 1990), 15-16.
23) Tom Driver, "The Act Itself: Tracing the Roots of Violence in Ritual," *Sounding* 83 (2000,1), 101-102.
24) Lorna J. Abray, *The People's Reformation: Magistrates, Clergy, and Commons in Strasbourg, 1500-1598*, (Ithaca, NY: Cornell University Press, 1985), 16.
25) James Clifford and George E. Marcus, eds. *Writing Culture: The Poetics and Politics of Ethnography* (Berkeley: University of California Press, 1986), 1-3.
26) 위의 글, 7-9.
27) Stephen Tyler, "Post-Modern Ethnography: From Document of the Occult to Occult Document," James Clifford and George E. Marcus, eds. *Writing Culture*, 128.
28) John F. Baldovin, "Developing a Solid Eucharistic Theology of the Anaphora,"

Liturgical Ministry 14 (2005): 118.

29) Alexander Schmemann, *Introduction to Liturgical Theology* (New York: Faith Press, 1975), 31.

30) Gordon Lathrop, *Holy Things: a Liturgical Theology* (Minneapolis, MN: Fortress, 1993), 33.

31) Thomas J. Csordas, "Theme Issue: Ritual in Navajo Society," *Medical Anthropology Quarterly* 14 (Dec. 2000), 463-475.

32) Michael B. Aune, "'But Only Say the Word': Another Look at Christian Worship as Therapeutic," *Pastoral Psychology* 41 (1993), 152.

33) Sherry M. Aune, *Sherpas through Their Rituals* (Cambridge: Cambridge University Press, 1978), 9.

34) Prosper of Aquitaine, *De vocatione omnium gentium*, 1, 12: PL 51, 664C.

35) Tom Driver, "The Act Itself: Tracing the Roots of Violence in Ritual," *Sounding* 83 (2000. 1), 101-102.